U0710675

中华先贤人物故事汇

苏轼

司聃 著

中华书局

图书在版编目（CIP）数据

苏轼/司聘著. —北京：中华书局，2020.11（2024.6 重印）
（中华先贤人物故事汇）
ISBN 978-7-101-14803-9

Ⅰ.苏…　Ⅱ.司…　Ⅲ.苏轼（1036～1101）-生平事迹
Ⅳ.K825.6

中国版本图书馆 CIP 数据核字（2020）第 190510 号

书　　名	苏　轼	
著　　者	司　聘	
丛 书 名	中华先贤人物故事汇	
责任编辑	林玉萍　董邦冠	
美术总监	张　旺	
封面绘画	张　旺	
内文插图	余晟文	
责任印制	管　斌	
出版发行	中华书局	
	（北京市丰台区太平桥西里 38 号　100073）	
	http://www.zhbc.com.cn	
	E-mail:zhbc@zhbc.com.cn	
印　　刷	三河市宏达印刷有限公司	
版　　次	2020 年 11 月第 1 版	
	2024 年 6 月第 8 次印刷	
规　　格	开本/787×1092 毫米　1/32	
	印张5¼　插页2　字数50 千字	
印　　数	26001-30000 册	
国际书号	ISBN 978-7-101-14803-9	
定　　价	22.00 元	

出版说明

孔子周游列国，创立儒家学说；张骞出使西域，开辟丝绸之路；书圣王羲之，留下了曲水流觞的佳话；诗仙李白，写下了"举头望明月，低头思故乡"的名篇；王安石为纠正时弊，推行变法；李时珍广集博采，躬亲实践，编撰医药学名著《本草纲目》……

这些杰出的历史人物，有的是在中华民族文明进程中做出过突出贡献、对后世产生过巨大影响的思想家、政治家，有的是对中华优秀传统文化的传承传播发挥过重大作用的文学家、艺术家、科学家，有的是为国家安定统一、民族融合团结和中外文化交流做出过杰出贡献的军事家、外交家……他们为中华民族的繁荣发展做出了伟大的贡献，他们的行为事迹、风范品格为当世楷模，并垂范后世。

他们是中华民族的先贤人物。他们的思想、品德、事迹，是中华优秀传统文化的结晶。他们的故事，是对中华民族的禀赋、特点和气质最生动、最鲜活的阐释。他们的名字，在五千年中华文明史上最为光彩夺目。他们为五千年中华文明史书写了最为光辉灿烂的篇章。

为了解先贤，走近先贤，我们精心组织编写了这套《中华先贤人物故事汇》丛书。以详实可靠的史料为依据，以细腻动人的故事为载体，真实地呈现中华先贤人物的事迹、品格和精神风貌，彰显他们的贡献和功绩，以激发人们对国家民族的热爱，对中华文明、中华优秀传统文化的崇敬。

开卷有益，期待这套丛书成为你的良师益友。

目 录

导　读

苏轼（1037—1101），字子瞻、和仲，号东坡居士。四川眉州人，祖籍河北栾城，是北宋著名的文学家、书法家、画家。

嘉祐二年（1057），苏轼进士及第。神宗朝，苏轼在凤翔、杭州、密州、徐州、湖州等地任职。元丰三年（1080），因新党与旧党的党争牵连，苏轼于湖州知州任上被捕，继而入台狱，此为著名的"乌台诗案"。之后，苏轼被贬为黄州团练副使。哲宗即位后，高太后执政，苏轼先后任翰林学士、侍读学士、礼部尚书等职，并出知杭州、颍州、扬州、定州等地。元祐八年（1093）后，哲宗亲政，重新启用新党执政，苏轼又遭贬黜，暮年被贬于惠州、儋州。徽宗即位后，苏轼获大赦北归，途中病逝于常州。宋高宗时追赠太师，宋孝宗时追谥"文忠"。

苏轼才华横溢、学识渊博，在诗词、散文、书法、绘画等方面都取得了很高的成就。苏轼在文学方面的成就极其巨大，得到后人的一直推崇。苏轼诗歌想象丰富，奇趣横生，妙笔驰骋，文思如潮；在词学创作方面，以诗文句法入词，气势旷达豪迈，对词格提升起到了巨大作用，也为后世词的发展开拓了道路；苏轼功力扎实，才情奔放，散文如行云流水，挥放自如，位列"唐宋八大家"之一。此外，苏轼的画开创了文人画的新道路，倡导诗情画意的文人画风格，在画史上有着深远影响。书法也极具开拓性，不同于唐人的法度严谨，苏轼的书法有着自然素淡、浑然天成的美感。

苏轼之所以名垂青史，不仅仅因为他是不世出的全才，更因为他有一颗赤子之心，将自己的深厚学养与人格魅力倾洒在所有他曾驻足的土地：居庙堂之高，心忧黎民；处江湖之远，为善一方。即使在他生活困顿的贬谪时期，也有许多利民事迹：

被贬黄州时，苏轼发现民众有"溺婴"恶习，写信告知鄂州太守朱寿昌，建议对无力养儿的穷人予以救济。献计献策之外，苏轼身体力行，在黄州成立"救儿会"，拟订章程，向富人募捐。被贬惠州时，他倡议筑堤建桥，并推广农业先进技术，教惠州人民使用"秧马"等工具。晚年被贬海南儋州，苏轼有感于当地人蒙昧落后，从思想上开导他们，"以诗书礼教转化其风俗，变化其人心"。

若无高尚伟大的人格，便写不出高尚伟大的文章。苏轼正是以文学之天才、高尚伟大之人格流传于世，成为一种独特的文化精神象征。

凤翔初仕

1

皑皑大雪。

柳树枝丫垂地，裹着晶莹冰条。松柏堆满了雪，风起时，蓬松的雪球散开，常迷住旅人的眼。

"天就要黑了，找个地方歇脚吧。"苏轼从驴车里探出头，对赶车的人说。

"好啊，大人！前面就是渑池的僧舍，咱们就到僧舍里歇脚吧！"车夫看向不远处的破旧小寺。

小沙弥为苏轼端上一盏热茶："小寺偏僻，饮食粗糙，施主不要见怪。"

苏轼在茫茫雪原中百感交集。

苏轼与小沙弥寒暄："当年我与弟弟赴京应试时途经此地，与方丈相谈甚欢，临别时还曾在寺壁上题诗。今日方丈不在寺中吗？"

小沙弥淡然地说："老方丈几年前圆寂了，施主昔年所题诗的寺壁，也在去年的大雪中坍塌了。"

苏轼缄默无语，走出僧舍，来到那茫茫雪原中。

赴京赶考，和老僧对谈，在寺壁上题诗，都恍如发生在昨天，却都已烟消云散，随风而去。人生的一段段际遇，真像是雪地上的鸿鹄爪痕，雪化后，一切化为乌有。纵然远飞的鸿鹄能回忆起往昔，却已经物是人非。

苏轼想了许久，百感交集。回到僧舍中，写成一首诗寄给弟弟子由：

人生到处知何似，应似飞鸿踏雪泥。
泥上偶然留指爪，鸿飞那复计东西。
老僧已死成新塔，坏壁无由见旧题。
往日崎岖还记否，路长人困蹇驴嘶。

2

到达凤翔，接风筵席上的烧羊肉与美酒冲淡了苏轼在路上的感慨。

凤翔在终南山北，属宋代最西边的陕西路，越过庆州便是西夏国。唐代适宜放牧的州县此时尽属北方的辽和西夏所有，北宋缺少幅员广阔的草原，中原羊肉的价格居高不下。苏轼见到满桌的烧羊肉，不由咋舌。一旁同僚笑道："此处距离西夏不远，党项人与我大宋互市，几斤茶叶就能换一头羊。苏贤良，你既然来了凤翔，先尝尝胡地的烧羊肉！"

烧羊肉喷香扑鼻，苏轼尝了一口，软烂鲜美远甚于汴京烧羊肉，索性将汤汁也喝得干干净净，又大饮三盏柳林酒，连声称赞："好羊！好酒！"

同僚们见苏轼也是性情中人，言语中又亲近了几分："苏贤良，自从知道你要来凤翔任签判，我们这群人天天翘首期盼啊。能与苏贤良共事，我们是多么荣幸！"

进士及第后，苏轼便回川为母丁忧，三年后重回京城参加制科考试，位列"贤良方正能直言极谏"科第三等。制科考试共分五等，一二等为虚设，第三等便是最好成绩。苏轼虽刚到任，但凤翔的同僚、文士们早已知晓他的大名，都存了结交之心。他们见苏轼才华横溢，又知道他受欧阳修赏识，既恭敬又艳羡，见苏轼时都不按例称他为苏通判，而尊称苏贤良。

苏轼本是个毫无机心之人，素来喜欢宴饮交游，更引得无数人前来结交。

3

眉州人陈希亮将赴凤翔任知州的消息传来，凤翔府同僚们又开始艳羡苏贤良的好运气。能在终南山麓与同乡长官共事，想来这位长官定会对苏轼青眼有加。

苏轼夫妻也喜出望外。同僚们只知道陈希亮与苏轼是同乡，却不知道陈苏两家原是数代世交。论辈分，陈希亮比苏洵还长一辈。踌躇满志的苏轼想，若能得陈知州厚待，我自然能在凤翔施展一番拳脚。

陈希亮上任那天，众人都吃了一惊，威名赫赫的陈知州个头矮小，双眼炯炯，定睛望过来时简直要让人打冷颤。众人上前问候，陈希亮一一答复，却始终没有笑脸。

他对苏轼也是同样的冷心冷面。有一天，苏轼有事找陈知州商议，坐在门前长凳上等，前前后后进去许多人，却总不见陈知州召唤自己。后来苏轼忍不住进去，发现屋里只有陈知州在低头批改公文。听见苏轼进来，陈知州眼皮也不抬，接过苏轼手中的公文，一句话也不多说。苏轼次日看见自己写的公文已被几易其稿，改得面目全非。

苏轼自诩才华绝世，文章一气呵成，但所写的公文经常被陈希亮改得面目全非，不由得有一种受辱的感觉。他在府衙中逐渐消沉，已经没有了初来时的意气风发。

几个月后，陈希亮无意中听见一个府吏称呼苏轼为"苏贤良"，立即拉下脸，厉声问："在凤翔府，苏子瞻是通判，你们为何要称他为苏贤良？"

府吏们见陈知州满面怒容，不由噤声。

"自然是因为他制科考试位列第三等，你们才称他'苏贤良'。但他一个凤翔府的八品签判，是否当得起贤良二字？"陈希亮看着苏轼，一字一句地说。

苏轼站在旁边，气血上涌，想出言反驳，又不知如何开口，只得面红耳赤地站在一旁。

"来人！"陈希亮大喝，"给我杖责这个阿谀奉承之人！以后若有人再敢称苏轼为'苏贤良'，这便是你们的例子！"

府吏受杖时的每声痛呼都让苏轼揪心。苏轼紧握着拳头，满脸愤懑。

4

"子瞻，且饮一杯酒。"陈慥（字季常）拿来酒壶，又用弯刀割下一块肉，放在火上炙烤。

深秋的岐山被枫叶铺满，风吹来瑟瑟作响。山间清泉还未结冻，顺坡而下，落入岩石堆成的小池中。

苏轼仰头喝一口酒，这酒口感清冽，一会儿酒意在体内扩散，整个人暖洋洋的。"我年少时在蜀，也喜欢游山玩水，但比不得季常你。你真是好身手，骑马捕猎，百发百中。"苏轼拍了拍陈慥的肩，由衷地赞叹。

"我爹不喜欢你，也从来只把我视为逆子。所以你我二人脾性相投，一见如故。"陈慥嚼一口兔肉，大笑。

谁能想到，苏轼竟与陈希亮的儿子成为莫逆之交。陈希亮的四子陈慥，喜欢舞剑射箭，爱喝酒，性格豪爽，视金钱如粪土，与苏轼性情相投。两人都年轻，又喜欢呼朋引伴，常招来许多人在陈慥住处饮酒宴乐，席间既谈诗词歌赋，也谈用兵之道与古今成败。因为相谈甚欢，常常是天亮了都没有察觉。

陈慥的妻子为河东郡柳氏，性格泼辣直率。一群人经常在家里笑闹至深夜，她便不高兴了。后来，一群人酒酣耳热时，却听见柳氏在隔壁用杖将墙壁敲得"砰砰"作响，知晓是女主人要送客，便哈哈一笑，起身散去。

"忽闻河东狮子吼，拄杖落手心茫然。"苏轼笑着赠诗，陈慥与众人一起笑，并没有觉得尴尬。

5

虽与陈慥交好，苏轼与陈希亮依旧关系不睦，除交接公事之外，两人从不多说一句话。苏轼想不明白这位同乡长官为何会对自己如此苛刻。久而久之，逐渐心冷，纵然发妻王弗不断规劝，苏轼也不愿再与陈希亮过多往来。

中元节那日，按例官府要召集官员集会，苏轼不愿与陈希亮同席，就赌气不去参加集会。

"夫君，你怎能如此与陈知州作对？于情，他是长辈，你是晚辈；于理，他是长官，你是下属；按例，今天所有官吏都应该去府衙集会，为何你不去？"王弗听说苏轼不愿去参加府中集会，不免有些心急。

"他三番五次在同侪面前给我难堪，我不想去看他的冷脸。今天既非公事，我又何必要去？"苏轼紧锁眉头，任王弗再三规劝，始终不肯动身。

中元节之后苏轼回到府衙，刚进门便觉得众人的神色有点异常，不免心中狐疑。

与他交好的府吏偷偷告诉他，陈知州已将他缺席例行集会之事上奏朝廷。朝廷的处罚刚刚下来，苏轼因违例被罚铜八斤。

苏轼心中郁结难平，不怒反笑。

6

苏轼凤翔签判三年期满，要回汴京史馆赴任。

回京之前，恰逢凤翔府衙后园建造一座台阁，供官吏们登高望远。从凤翔府后园远眺，虽看不见长安，却看得见终南层峦叠嶂的山脉。陈希亮为楼台取名凌虚台，让苏轼写一篇文章纪念凌虚台的建成。

苏轼写《凌虚台记》时，想告诉陈希亮，事物的兴衰胜败无法预料，不必借筑台夸耀于世，高台与人世得失一样不久长。他预料陈希亮看到这篇文章后会怒不可遏，但纵然如此，他也不愿删减半分讽刺的言语。他在文中写道："物之废兴成毁，不可得而知也。……夫台犹不足恃以长久，而况于人事之得丧，忽往而忽来者欤！而或者欲以夸世而自足，则过矣。盖世有足恃者，而不在乎台之存亡也。"

陈希亮将《凌虚台记》诵读了几遍，没有雷霆大怒，而是直接让府役去找匠人，将此文一字不改地刻到石碑上。

陈希亮的这一反应，莫说苏轼，便是府中旁人也大惑不解。

陈希亮对众人说："我眉州陈家与苏家世代交好，我待苏洵像是待儿子，我待苏轼像是待孙子。苏轼名满天下，难免被众人捧杀，所以我平时不给他好脸色。而他年少即得大名，难免气盛，对我百般不满，才写下这篇文章。他以为我会因此不高兴，我又怎会因此不高兴？"

陈希亮的这番话，旁人辗转告诉了苏轼。

苏轼内心五味杂陈，一时间思绪万千。其实他心里很清楚，陈知州虽为人严厉，却清正廉洁，凤翔百姓有口皆碑。本以为自己的这篇《凌虚台记》会令他盛怒，却不料他如此光风霁月。相形之下，更显得自己年轻气盛、恃才放旷。仔细想来，苏轼觉得有些尴尬。

临走之前，苏轼向陈希亮话别，为自己的少不更事请罪。

陈希亮依旧是那副面孔冰冷、双目炯炯有神的样子："你虽然屡屡与我争执，却见义勇发，不计祸福，绝不是那种油滑小人。我们今日相别，或许后会无期，唯愿能一直在朝堂上舍身为民。"

苏轼长揖相别，踏上返京的路。

西湖山水

1

"子瞻，杭州离汴京有千里之遥，你此番来杭州外任，觉得杭州城如何？"望湖楼的酒宴上，知州陈襄远眺西湖的千里烟波，笑着问苏轼。

苏轼倚窗望向西湖。望湖楼是吴越王钱俶依湖而建，窗外垂柳碧荷接天，风吹来淡淡花香。"这世上有几个如杭州一样的神仙地方？此处政通人和，人人富庶自适，何况有西湖这颗明珠，汴京怎比得上杭州？"

陈襄又指着楼外西湖向苏轼道："你是蜀人，蜀中风景不减江南，而江南也自有风流处。当年柳三变填过一阕《望海潮》，写杭州城的三秋桂子与十里荷花，连金人都在传唱。子瞻，你诗名满天下，此番外任杭州，每日与湖光山色相亲，定要多作诗词，让天下人都知道杭州城的妙处。"

酒过三巡，酒宴换上了醒酒小食。苏轼望着满桌的江南时令小食：乌头菱角、青青苽叶、冰糖芡实羹，不由笑道："虽说吴蜀风流自古同，可蜀中风物哪及杭州？恰如今日这般，若醉眠西湖舟中，则以水为枕，在莕荷中飘摇。若是爱香草的屈原来杭州，大约也会感于山色，长吟楚辞吧？"

苏轼已略带醉意，说到兴处，忙唤人拿来纸笔，谁知没写完便伏案沉沉睡去。众人笑苏才子不胜酒力，走上前，看见纸上笔画恣意，率意天真，都赞不绝口。

2

苏轼已经好久没睡得如此香甜。在汴京，他陷入一场弹劾之中，每天疲于应对，几乎牵扯了全部的精力。

苏轼醉书未完便沉沉睡去。

治平二年（1065），发妻王弗在汴京去世，次年父亲苏洵也在汴京去世，苏轼、苏辙扶灵回蜀地安葬了他们。等丁忧期满，苏轼重回汴京后，却赫然发现昔日赏识自己的老臣们多已不在朝堂，主政的是主张变法的王安石。

"如此变法，急功近利，将国家置于何处？"苏轼不止一次向神宗上奏折：先是上《议学校贡举状》，极力反对王安石的科举改革；后来，王安石献策，要低价购浙灯四千盏以供宫中使用，苏轼又上《谏买浙灯状》劝阻。神宗皇帝从善如流，没有采取王安石的意见。紧接着，苏轼又上《上神宗皇帝书》，质疑新政的可行性，否定王安石变法。

变法派大为光火，将苏轼视为保守派旧党中的一员，想方设法予以排挤打击。

御史谢景仁上奏，说苏轼趁回蜀丁忧时，乘舟贩卖货物，并且大售私盐；待丁忧期满回京时，又私下调用兵士。

苏轼心想：谢景仁为新党中人，又与王安石弟弟王安国是姻亲，谢景仁如此诬告自己，自然是新党刻意构陷。

朝廷派人询问苏轼，苏轼坚定地回复："苏某奉公守法，绝无贩卖私盐之事，也绝没有私下调度兵士。"

朝廷下令，逮捕了当年船上的篙工、水师等一众人，严加审讯后一无所获，这才知道贩卖私盐之事纯属无中生有。而苏轼要返京时，正逢眉州兵士去汴京迎回新任知州，便顺道将苏轼送还京城，并不是苏轼私下调兵。

案情虽已查清，但苏轼已心灰意冷。谁人不知这是政治陷害？他不想继续深陷汴京这个政治漩涡，便自请外任，来到杭州城，任通判一职。

3

江南秋雨成灾，知州陈襄与通判苏轼等人在田间走访。道路泥泞不堪，农民在雨中抢收庄稼，无论老少，都在田中奔忙。

"子瞻，你文中说变法'慎重则必成，轻发则多败'，的确如此！我在杭州私访农民，看见青苗法给这风流之地造成的巨大危害，实在触目惊心！"杭州知州陈襄比苏轼年长二十岁，觉得苏轼才华横溢，对他格外器重。外加陈襄对新法也颇多微词，曾多次上书弹劾王安石，他知道苏轼因与新党不和自请外任，便与苏轼更为亲近。

苏轼黯然。他想到在杭州田间见到的农民，一年到头辛苦耕作，却生活困苦。如今官府缴税只要钱，不要米，稻米卖不出好价钱，百姓只有卖牛交税。

"百姓有米，而官府不要米，百姓无钱，官府却要钱。谷贱伤农，新法造成的钱荒，汴京城的大人们是不会知晓的！"苏轼愤愤地说。

竹篱茅屋、清溪流水，虽然秋色已入山村，却依旧处处苕艳。此刻的苏轼全然看不见这江南的好风景，他只记得蒙蒙细雨中上山挖笋的那位七十老翁。老翁的手足浮肿，他上前细问，老翁竟已三个月没吃过盐了。

江南秋日的几场急雨，让农民的收成大跌。陈襄派苏轼去四处赈灾，待事情了结，已是次年初春。苏轼一回到杭州城，便听说不断有百姓来官府求助，仔细打探，才知道杭州城的井口堵塞，百姓如今屡屡为饮用水发愁。

杭州城临近长江入海处，水中常常带着海水的咸苦气味。唐代李泌任杭州刺史时曾经派人开掘六井，将西湖淡水引入全城，百姓才得以喝上淡水。几百年后，六井已被淤泥堵塞，饮用水又成了困扰全城的难题。

陈襄有意整治六井，请来精通水利的仲文、子珪等僧人主持疏浚之事。苏轼全力协助陈襄，一起谋划此事，规划挖沟壑、掏淤泥、修井壁。经过几个月的努力，年久失修的六井重新畅通，甘甜的西湖水流入相国井等六井，再向南流入漕河。淡水所经之处沿路设置四个水闸，特意砌墙上锁来保护居民的饮用水安全。

4

去上天竺寺的山路崎岖，雨后满山沙泥。暮春时节，草木葳蕤，连寺壁上都攀满青青藤蔓。高僧辩才隐居于此，在狮峰山麓开山种茶。清明前后摘下新茶，烹山泉水点茶，香气四溢。

苏轼最喜欢在这时节来山间隐居。与辩才对坐，谈禅论道，焚一炷香，点一壶茶，远处传来的钟磬声恍若相隔几重山，让人生出不知今夕何夕之感。

有一次，辩才法师站在山门外迎接苏轼，随后两人在禅林中闲庭信步，苏轼情绪有些低落地说："法师，苏某有一事相求。犬子苏遁，不知道患有什么疾病，现在四岁了还不能行走。我想让他来上天竺剃落，希望他一生平安顺遂。"

辩才法师宽慰道："谢灵运年幼时也曾在佛前剃落，若令郎在观音像前剃落，不久之后一定能奔走如鹿。"

苏轼再三谢过。

辩才法师道："苏通判自外任杭州以来，修治六井、赈济灾民，老衲虽久居寺中，却也听香客念过您与陈知州的功德。我佛慈悲，自然会保佑令郎！"

苏轼听辩才法师提到六井，心里也颇为欣慰。六井刚刚疏通好，今年春天就遇到了罕见的旱灾。从江淮大地到浙江东边，各地水井干涸，百姓叫苦连天，将饮用水看得比美酒还要贵重。而钱塘江畔的杭州人因为有六井的滋润，不仅饮水充足，还可以用淡水饮牛马、洗澡。

"这主要是陈知州的功劳，善男信女若来诵佛，应该为他祝祷。"苏轼并不格外夸耀功劳，他敬佩陈长官，曾想过若有朝一日可执政一方，也要像陈长官一样，有功于社稷与百姓。

5

"子瞻，我们同为西南蜀人，又同在东南为官，不料相逢几月又要离别，时光真是太匆匆！"杨绘叹息。

前任知州陈襄调离后，杨绘前来杭州接任知州。杨绘原籍绵竹，读书时便名满西州，与苏轼一见如故，彼此爱惜对方的才华，而且两人年纪相仿，常趁月饮酒、花间唱和。谁知只是短暂相处了几个月后，杨绘接到调令，苏轼也接到调令将北上任密州知州。杨绘因此设宴于西湖上，与苏轼话别。

"那年我自京口回钱塘道中，倍加思乡，填了一阕《卜算子·感旧》：'蜀客到江南，长忆吴山好。吴蜀风流自古同，归去应须早。 还与去年人，共藉西湖草。莫惜尊前仔细看，应是容颜老。'当时感慨'家在西南，常做东南别'，细想来，不过应了李义山那句诗，'走马兰台类转蓬'罢了！"苏轼轻叹一声。

宴会上人人伤感，苏迨却从别桌跑来，嚷着要抓果子吃，把一桌人都逗笑了。

月色下的西湖有一种别样的美丽，湖边野草凝露，蝉鸣声重，荷花的香气隐隐传来。夜阑风静，惟有一江明月碧琉璃。

"子瞻，今日一别，你我重逢会在何年何月？你与西湖，也不知何时再见呢！不过你作的西湖诗传遍了整个杭州城，人人传诵：'水光潋滟晴方好，山色空濛雨亦奇。欲把西湖比西子，淡妆浓抹总相宜。'"杨绘抬头，天上一弯新月如钩。

苏轼惆怅地望着西湖，西湖上烟波霭霭，看不见前程，也看不见归期。密州远隔山岳，难再有与挚友樽前共醉的时光了吧？

朦胧中，杨绘作了一阕《南乡子》，苏轼便和了一阙：

　　　　东武望余杭。云海天涯两渺茫。何日功成名遂了，还乡。醉笑陪公三万场。　　不用诉离觞。痛饮从来别有肠。今夜送归灯火冷，河塘。堕泪羊公却姓杨。

密州赈灾

1

"大人，今日州衙门口又聚集了不少百姓，像是来告悍卒伤人。"苏轼缓步走向州衙前厅，还没踏入正堂，一旁的府吏就跑来上报。

苏轼抬头看了看天，乌云压城，似乎要下一场急雨，忍不住叹了口气。自从他去年来到密州任知州起，密州的灾祸就似乎没有停歇。

先是蝗灾。他永远忘不了最初踏上密州土地时的心惊：映入眼帘的不是想象中沃土千里、黍麦丰熟的田地，而是庄稼尽毁的景象。蒿蔓里长满了蝗虫，累累两百余里都是如此。苏轼发动百姓一起下田灭蝗除卵，累得手脚都结满了茧，一回家便沉沉睡去。

而干旱又随之而来。整个秋季都没下雨，一直到十月中旬才得一点雨水，让种麦成为一种奢望。苏轼望着龟裂干涸的土地上大声啼哭的农人，忧愁得茶饭不思，连夜写奏议呈报，请求朝廷怜悯密州百姓的境遇，豁免密州秋税。

盗寇多发便也是意料之中的事。密州自古民风彪悍，百姓不像江南人那般温柔，接连的灾患让密州人贫困不能自持，一时间，偷盗抢劫之类的案件频繁发生。作为知州，苏轼已疲于奔命。朝廷知晓此事，特意派遣两班使臣率领数千名悍卒来密州，协助府衙缉捕盗寇。苏轼本以为可以松口气，却不料这些悍卒凶狠残暴、恣意妄为，常常随意闯入民宅与百姓争斗，百姓受辱，便频繁来府衙状告这些悍卒。

不知这些悍卒又如何殴打百姓，使得百姓聚众上告。苏轼愤怒地握紧了拳头。

堂前跪着的一群人，穿着粗布衣衫，面色黧黑，像是农夫模样。其中一人抬起头时满面哀伤：

"苏大人请为小民做主啊！我儿才十九岁，连村子都没出过几回，那些人硬说我儿子是盗贼，我儿子只不过争辩几句，就被他们活活打死了！杀人偿命啊！青天大老爷为我做主啊！"

这群人在堂前哭嚎呼喊，磕头声此起彼伏。

苏轼大惊，他知道安抚司派来的悍卒们多是心狠手辣之徒，但万万想不到他们居然如此胆大妄为，竟闹出人命官司。

"这些人真是十恶不赦！"一旁的通判刘廷式怒火中烧，忍不住痛斥。苏轼正准备开口，忽然想到这些悍卒本就是外乡人，现在杀了人，想必已经溃散，四处躲了起来，即刻捉拿难上加难。于是立刻平静下来，板着脸慢悠悠地说："这些人是朝廷派下来缉盗的，行事一定有分寸，绝不可能做出这种事情。"

百姓喊冤声不断，在堂前不停磕头。苏轼向刘廷式及几名府吏使了眼色，硬着心肠宣布结案。

2

　　清晨，林中升起了雾，远远望去，隐隐可见两三烟树。苏轼和通判刘廷式沿着密州城墙一路向北走，想去野地里挖些野菜。

　　"大人果然神机妙算！"刘廷式抚掌说道，"几名殴杀百姓的悍卒以为大人不会再追究此事，纷纷从藏匿处回到密州城。如今这些人都已经被我们带回来，羁押在狱中。"

　　"好！明日便升堂问罪。"悬而未决的石头终于落了地，苏轼心下大慰。斩了几个为非作歹之徒，剩下的小卒虽然天性好勇斗狠，也不敢再恣意妄为，密州人再不用受他们的欺辱。

　　"得之（刘廷式字得之），密州如今已较为安稳，多亏了你我齐心协力，我们也算不愧天地、朝廷和密州百姓了。只是连年灾患，密州帑库空虚，百姓更是拮据。"

　　刘廷式打趣道："哪里只是密州的百姓生活拮据，你一个堂堂知州，不是也在四处寻找杞菊，想挖些充饥吗？"

苏轼与刘廷式两人一起哈哈大笑起来，并不觉得寒酸。粮食欠收导致财政收入不足，就算苏轼是堂堂密州知州，也要四处挖野菜来填补食物供给不足。

两人一路向北走，谈笑间，听见有婴儿的哭声。

荒野之中怎么会有婴儿啼哭？

两人大为惊讶，循声一路找去，发现一处废弃的菜园中竟然躺着一个婴儿。虽然已是春天，但清晨还刮着北风，婴儿小脸冻得青紫，声嘶力竭地啼哭。

苏轼赶紧抱起婴儿。这是个刚出生不久的男娃娃，碎布头缝成的襁褓只能勉强裹身。

两人抱着婴儿往城里赶，一路沉默，只听见婴儿的啼哭声。他们清楚，这一切都是灾荒带来的，百姓无法糊口，只能把新生的孩子丢弃到野地里。这个碎布拼成的小襁褓，写满了父母的贫瘠、不舍与绝望。

苏轼料定密州弃婴绝不会只有一起，回到府衙后便立即派人四处搜寻。短短几天时间，竟然找到

苏轼在密州城外捡到弃婴。

了四十名弃婴！

望着这些刚一呱呱坠地便被父母遗弃的小生命，苏轼泪流不止。无论如何，他都要救活他们。可密州帑库空虚，哪里有闲钱养活这些孩子？就算将孩子们寄养到城中人家，又哪里有这么多富户？

百般思量，苏轼想到了劝诱米。北宋时期，官府都储备一部分劝诱米，以备不时之需，赈济那些家徒四壁的灾民。苏轼派人清点仓库中的劝诱米，拨出一部分，作为弃婴的专用粮。那些收养了弃婴的家庭，每月能获取六斗粟米。

待到来年，密州经济逐渐好转，集市里又是一派生机勃勃的景象。

苏轼在街市上行走，碰巧遇见一位收养弃儿的妇人来集市中买布裁衣，当初瘦小黑黄的弃儿被养得白白胖胖，坐在小车里好奇地东张西望，小手握紧拨浪鼓，一摇一摆。见到粉妆玉琢的孩子，苏轼很欣慰，上前探问了几句，得知弃儿如今过得不错，苏轼很是欢喜，回家后自斟自酌，直到醉醺醺睡去。

3

"又是一年暮春。"超然台上，苏轼远眺密州城，喃喃自语。

城北的旧台年久失修，待密州的天灾人祸都已过去，经济重新恢复正常后，苏轼派人将旧台修葺一新。苏辙引用《老子》中"虽有荣观，燕处超然"一句，从此旧台就有了名字，叫超然台。

苏轼喜欢上了密州，这个偏僻州郡不如杭州城繁华，百姓们虽性格剽悍，却淳朴厚道、乐天知命。

何况密州的春景同样撩人。苏轼站在超然台向城中望去，烟雨弥漫城郭，花红尚未褪尽，柳丝飘摇袅娜，一派缠绵之态。这样的时节，多么希望亲眷故友都在身边，烹茶作诗，其乐融融。

苏轼抚着厚重的城砖，吟咏一阕《望江南》：

　　　　春未老，风细柳斜斜。试上超然台上看，半壕春水一城花。烟雨暗千家。　　寒食后，酒醒却咨嗟。休对故人思故国，且将新火试新茶。诗酒趁年华。

苏轼向密州城眺望，久久不愿离开超然台。

徐州抗洪

1

苏轼从不知道暴风雨来临的夜晚是如此可怕。

电闪雷鸣，轰隆一声，让整个徐州城的人惊叫连连。屋外一片漆黑，却依旧能感觉到大雨白茫茫一片，不是梅雨季节温柔的雨丝风片，这雨像是天河决堤，甩下一道道水鞭，狠狠地向屋瓦、窗棂上挥去。

暴雨已经接连下了好几天。刚下的时候，苏轼还有心情欣赏雨景，觉得雨水将远处的村舍洗涤一新，即将到来的秋耕不至于干旱。后来，雨越下越急，越下越密，白天的天空也是阴沉沉的，像是马上就要崩塌，合抱的大树被狂风吹得东倒西歪，千年重镇徐州成为一座水城，街道涨满了水，宛如一条条河道。

还没来得及秋收，禾苗在暴雨袭击下，已经毁了一半。至于卷入急流中的贫苦百姓，更是不计其数。苏轼心急如焚，派遣水性好的府吏与百姓划船打捞溺水者，救活许多人。

而暴雨却一直没有停歇。

秋季怎么会下如此大的暴雨？苏轼有些消沉，他自密州来徐州当知州不过几个月，却遇到如此大的雨。眼前雨后可能流行的瘟疫还是小事，他更担心暴雨会导致黄河决堤。

徐州位于黄淮平原，历来是兵家必争之地，而就是因为这扼黄淮的关键位置，才使徐州备受黄河决堤的威胁。消息传来，城北五十华里处的黄河堤坝已在溃坝的边缘，若蔓延至徐州城，洪水将被西面的云龙山遮挡，无法迅速扩散。大水去后，徐州的一切将不复存在。

苏轼派出全部府吏，挨家挨户通知百姓来城外加筑堤坝，然而收效甚微。先是同侪们劝他不要待在城里，赶紧去云龙山上避难；再是徐州城的富人们无心待在城中筑坝，想带上金银细软尽快出城，去别处避水灾；至于贫苦百姓，他们中许多人已在暴雨中流离失所，面对即将到来的洪灾，已无计可施，濒临崩溃。

云龙山的道长张山人与苏轼有私交，之前他已告诉苏轼，已有一些徐州富人及家眷躲进云龙山。苏轼清楚，城中已经人心惶惶，身为知州，如果此时他离开府衙前去云龙山，城中富人也将悉数离开徐州，城中将一片大乱。若组织全城百姓一起上山避难，任凭洪水过境，则徐州城的一切都将被洪水吞噬，一无所有的百姓回城后该如何生活？多少年才能重新打下这份家业？

苏轼下定决心，不离开徐州城半步，与徐州城共死生。

2

黄河果然在城北的曹村决口，很快泛滥到梁山泊，又汇入南清河，不几天便汇集于徐州城外。

徐州府衙，各级官吏齐聚一堂，城中富户也被邀来，听知州苏轼的抗洪安排。

"各位是徐州城的高门富户，也是徐州城的中流砥柱，若各位此时出城避难，谁来守徐州？苏某今誓与徐州共存亡，也希望各位同进退，定不能让水破徐州，百姓流离失所。"苏轼斩钉截铁地说。

官吏富户们本想再劝说几句，但见苏知州如此坚决，逐渐打消了出城的念头，一同捐助钱物，共同筑堤。

若洪水汇集于城外，将从城东南泻入徐州，苏轼有意在城东南建筑堤坝，从戏马台开始，建至城墙。任务十分紧急，虽然府衙已征召五千名壮丁，苏轼亲自坐镇前线指挥，但人手却依旧不足，堤坝建筑的速度比不上洪水上涨的速度。

情急之下，苏轼想到驻扎在徐州的禁军。徐州有一支禁军部队，兵卒们都是年轻、精壮的男儿，若他们也能来协助建筑堤坝，定能解燃眉之急。可按大宋律令，禁军只受朝廷直接管辖，本地知州无权调动支配。现在洪水围城，筑坝之事迫在眉睫，纵使有八百里加急文书，也来不及向汴京传递。

思来想去，苏轼直接去了武卫营，一见卒长便开口自责："苏某深夜前来打扰，实属不该。但徐州城已危在旦夕，若耽搁下去，洪水将冲坏城墙，徐州尽毁。苏某知道你们是禁军，不受苏某调遣，但希望卒长能顾念徐州城万千百姓的安全，派遣驻扎徐州的兵士，与我们一起出力筑堤坝。"

名满天下的苏知州亲自上堤坝前线督战，此事卒长早有所耳闻，今日见他深夜来求救兵，敬佩之心油然而生。枢密院才有调兵之权，苏轼作为地方官员动用禁军，所冒的政治风险不言而喻。卒长抱拳回道："苏知州，以您的地位与名望，完全可以上云龙山避洪灾，而您却依旧坚守徐州城，不避水患。我等粗人，都是守徐州城的兵卒，自然应当效命，誓死守卫徐州城。"

苏轼精神为之一振，连连道谢，当即率领兵士们拿着铁锹、簸箕，去城外戏马台，一同建筑堤坝。

3

豆大的雨珠打在堤坝上，"啪啪"作响。洪水袭来，远处的树已被淹没大半，只能看见蓬松的树梢在狂风中摇晃，恍若风烛残年的老人。雷声咆哮着，雨水倾入洪流，随风形成巨浪，拍打着城墙。

护城长堤已经修筑完毕，苏轼的忧心却没有减轻。

暴雨日日不停，积水无法排泄，水位越涨越高。不过几天时间，水已经漫到距离城墙头只有三尺的距离。

"知州，水流湍急，城头危险，您先回家歇息吧。我们守在这儿！"吏员们纷纷劝说苏轼离开。

苏轼摇摇头："既然苏某为徐州知州，便应该与城堤共存亡。水不退，我不下城堤。"自从水患来袭，苏轼便夜夜在临时搭建的棚户中休息，已经多日不曾回家。

"只要东平水患解除，徐州便无大碍。东平的应言和尚有治水经验，已经带人挖壕沟，将黄河之水引入下游废弃古河道，我们需要做的，便是守住这徐州城。"苏轼望着眼前滔滔巨浪，坚定地说。

4

抗洪一个半月后，洪水终于绕徐州城而过，被疏导到一段古河道中。

洪水过后，府衙开仓赈济灾民。人人自危的徐州百姓终于长舒一口气，庆幸洪水没进城，自己的家业得以保全。

苏轼也长舒了一口气。但怕洪水再犯徐州，苏轼又向朝廷请求拨款，申请重新建筑防洪大堤。朝廷感念苏轼在抗洪中的功绩，额外多拨了款项。因此，在新筑成的堤坝外，苏轼又建了一座楼阁，用黄土刷墙，命名为"黄楼"。

九月重阳，纪念黄楼落成的宴会上，来了许多宾客。

"定国（王巩，字定国），贡父（刘攽，字贡父），你们来看看，这是文与可为黄楼画的屏风。"酒宴上，苏轼指着不远处的四副屏风。

"文与可的墨竹天下闻名，寻常人很难得到一副，想不到居然为你画了四副，到底是亲戚啊。"王巩仔细端详屏风，上面画着竹木与怪石，竹叶疏密有度，浓淡相依，很有意境。

王巩又说道："不过，你的诗书画都是一流，那副《枯木怪石图》远胜画工之画。这黄楼是为了纪念你徐州治水的功绩，你应该为黄楼画幅画！"

"子由为黄楼所作的《黄楼赋》我已誊写了下来，制成碑刻立在黄楼旁。我这个人，书不如诗文，画又次之。"

苏轼天性旷达，趁月饮酒，与友人谈论起新近所结识的文士："黄山谷在汴京，与我通书信，我读了他随信寄来的诗，诗篇结构严密，造句讲究。高邮秦少游专门来徐州拜访我，投给我一首长篇，诗文高妙，便是古人读了，也不免称赞。秦少游虽现在籍籍无名，但日后必然会一鸣惊人。还有陈履常（陈师道，字履常），他早年师从曾子固，诗文都厚重典雅。黄楼建成后我让他作了一篇《黄楼铭》，诸位读一读，是不是法度严谨，有古人之风？"

刘攽笑道："徐州治水刚立下功绩，又得天下英才而教之，难怪子瞻如此得意。"

苏轼正色道："杜子美说'文章千古事，得失寸心知'，我确实爱惜有才华的文士，更甚于爱功名。"

5

三更天，苏轼在燕子楼醒来。

燕子楼是唐朝遗留下来的古建，昔年徐州城守将的爱妾关盼盼便住在燕子楼中，守将死后，关盼盼独居燕子楼十年。

昨夜黄楼夜饮之后，苏轼宿于燕子楼。他以为会酣睡至天明，却不料在夜半醒来。

苏轼走出小阁，去后院园中散步。重阳夜的小园，还没染上深秋的寒气萧瑟，月光皎洁如霜，池中鱼儿波动水痕，残荷上有露珠滴落，像是佳人的一滴清泪。苏轼穿着单衣，感觉到微微凉意。这时节，本该觉得欢乐才对，徐州水患解除，又得朝廷嘉奖，好友们齐聚黄楼，酒酣高歌到深夜。可就是在这一刻，他有说不出的寂寞惆怅。

凤翔、杭州、密州、徐州……我生如飞蓬。今夜我在燕子楼，明朝我又将在何方？燕子楼的美人关盼盼已香消玉殒，若有一日，当我也成为长河中的一粒尘埃，会不会有人登上徐州城的黄楼，为我感叹？

明月如霜，好风如水，清景无限。曲港跳鱼，圆荷泻露，寂寞无人见。紞如三鼓，铿然一叶，黯黯梦云惊断。夜茫茫，重寻无处，觉来小园行遍。　　天涯倦客，山中归路，望断故园心眼。燕子楼空，佳人何在，空锁楼中燕。古今如梦，何曾梦觉，但有旧欢新怨。异时对，黄楼夜景，为余浩叹。

乌台诗案

1

元丰二年（1079）七月二十八日，盛夏已过，湖州城却依旧酷热难耐。

河道旁的茶馆里满坐着来喝茶的人——若说全是茶客也不尽然，还有许多平日里不大出门的人。人们在茶馆里七嘴八舌地议论今日街头的流言：朝廷派来了几个使者，要治湖州知州苏轼的罪。

"传言必不可信，"一位老者甚是笃定，"苏子瞻名满天下，知密州时为赈灾不眠不休，又救下许多弃婴；知徐州时治理好了水患，谁不说他是好官？他刚到我们湖州地界不到三个月，无缘无故，怎么可能被治罪？”

同桌的青衣男子抿了一口茶，若有所思地摇摇头，道：“传言不可全信，也不可不信。既然消息一大早便从衙门里传了出来，未必全是捕风捉影。”

两人环顾茶馆，茶客们哪里有心思喝茶，人人尽谈苏知州。

2

驸马王诜与苏轼素来交好，得知神宗要查办苏轼，便赶紧遣人通知在南京任幕官的苏辙。苏辙又遣人快马加鞭赶来湖州告诉苏轼。因此，苏轼早已提前半日知晓神宗已派人来押解自己回京，接受审讯。

事情由苏轼自徐州调任湖州后所作的《湖州谢上表》引起。作表谢上本是例行公事，一来论述自己之前的政绩，二来谢皇恩浩荡。而苏轼与当权的变法派政治理念有别，因此被变法派攻讦。后来，连苏轼在杭州观潮时写的诗稿也被人仔细揣摩、曲解，并以诽谤朝政、讽刺神宗的名义上奏。

负责监察天下官员的御史台官员李定、舒亶、何正臣等人本是变法派的成员，对旧党政敌不满久矣，特将此事大书特书，接连上奏弹劾。神宗再读《湖州谢上表》，也为"陛下知其愚不适时，难以追陪新进；察其老不生事，或能牧养小民"两句动怒，认为苏轼对变法评价消极、彻底否定，实属大罪。

有了神宗皇帝的批示，七月二十八日，御史台派皇甫遵带着随从一路快马加鞭急驰湖州，但路过镇江时，因琐事耽搁了半天行程，因此，反是苏辙派来报信的人先到。

3

皇甫遵穿着官服，手持笏板，神情倨傲地立于湖州府衙。

"知州苏轼在哪里？"皇甫遵问，语句中不带一丝情感。

湖州府衙中人人惊惧，不知道苏知州究竟遇上了何等麻烦，不敢作声。

"知州苏轼在哪里？我奉旨押他进京。"皇甫遵提高了声音。

府衙中人人大惊失色，料想苏知州大约难逃此劫。

后堂的苏轼有些惊恐。"此事如何是好？"他与通判祖无颇商量。

祖无颇刚刚得知此事。他与苏轼虽相识不久，却相处融洽，绝不愿苏轼出事，但京城来的台吏此刻就在堂上昂首伫立，气势汹汹，无论如何也躲不过去。思量再三，祖无颇缓缓道："苏知州，事已至此，无可奈何，您总得出去见这些人。"

苏轼定了定神，说道："也罢！"便取下官帽，准备换上常服出去。

祖无颇说："知州为何要脱去官服？"

苏轼略有犹豫："我既然已是罪人，自然不可穿官服了。"

祖无颇摇摇头说："现在尚不知罪名，您当然应该穿官服见他们。"

说完，他宽慰了苏轼几句，两人一起走出去。

苏轼穿着官服、手持笏板出现在堂上，面色看上去还算平静，只是步履略显蹒跚。

祖无颇等一众官员站在苏轼后面，默然不语。

两名白衣台吏当即快步上前，扯住他的衣服往前拖。

苏轼觉得斯文扫地，又见皇甫遵久不言语，感觉格外屈辱难堪。万般滋味袭来，苏轼主动开口："圣上若下旨意令苏轼死，我自然不敢辞。但唯有一事相求，请诸位让我回家知会家人，与他们诀别。"

皇甫遵见状，方缓缓开口："倒不至于如此严重。"

祖无颇心中不忍，向皇甫遵作了个揖，说道："既要带走湖州知州苏轼，想必太常博士您是带着公文前来？"

皇甫遵冷冷地问："你是谁？"

"在下湖州通判祖无颇，目前代理湖州知州。"祖无颇答。

皇甫遵想了一想，自怀中掏出台牒递给祖无颇。祖无颇仔细看去，这不过是一份普通公文，只说免去苏轼官位传唤进京，并没说其他的。

祖无颇刚想再说几句，皇甫遵已拿回台牒，催促两名手下快些押解苏轼返回京城。

4

台吏们押着苏轼一路急行，穿过湖州城，准备登舟北上。

河道边挤满了围观的人，茶馆中的茶客们丢下茶盏跑向前去，一探究竟。

"竟然真的是苏知州！"饮茶的老者方才还不信，此刻看见苏轼被台吏押解，如驱狗鸡一般走过眼前，感到不可置信。

这一路走来，苏轼觉得尊严扫地、生不如死，但听见岸边送行官员及百姓哭声阵阵，心中又略略宽慰："我苏轼纵然因为文章而死，世人也会说我是个好官。"

一想到家人，他又不由得愁肠百结。王闰之不似发妻王弗那般有能力有胆识，她面对这般际遇，定然是六神无主束手无策；二子苏迨、三子苏过都还小，又不知是怎样一番哭闹了。念及此处，苏轼潸然泪下。

"亲朋故友一定会想方设法救我，尤其是子由。"苏轼此刻唯有想到他们，才能令自己宽心。但转念一想，自己触怒了神宗皇帝，定要遭受刀笔小吏的百般侮辱，不由心如死灰。

舟行至扬子江时，苏轼不止一次想自投江中。他并不怕死，只是有些踌躇，若自己投水自溺，亲人们怎么办？想到亲人，苏轼渐渐打消了自杀的念头。

他从来没有如此无助，求天不得求地不灵的那种无助。

5

苏轼八月十八日进京城，入台狱。

北宋时期，御史台与谏院合一，称为台谏；这个部门的吏员，也被称为台谏。台谏直接受命于君主，成为与相权、政事堂并驾齐驱的权力中心。

经过二十日的舟车劳顿，苏轼已精疲力竭。他缓步走入御史台时，忽然想起少年时所读过的《汉书·薛宣朱博传》，说御史台种了许多柏树，数千只乌鸦栖居柏树上，御史台也因此被称为"乌台"。

苏轼抬头四望，汴京的御史台果真种了许多柏树，上面落着密密麻麻的黑色鸟儿。

"休要东张西望，快走！"狱卒喝道。苏轼加快了脚步。

苏轼以为能在狱中稍稍休整几日，不料台谏当天就要提审。

"你家五代之内，有没有誓书铁券？"狱卒问苏轼。

苏轼茫然摇头，身体有些僵硬。此类询问一般只针对死囚，难道自己的罪竟至于死？当权的变法派居然痛恨自己到如此地步！

参与审讯苏轼诗案的台谏为李定、舒亶、何正臣、李宜之、张璪等人，外加先前去湖州追摄苏轼的皇甫遵，都是变法派成员。

早在提审苏轼之前，几位台谏便已经上奏朝廷，为苏轼拟定了罪名。苏轼可废之罪大致有四条：一是妄自尊大，怨恨自己不得朝廷重用；二是对朝廷的各项改革政策语多不恭，毫无人臣之礼；三是语言傲悖，对中央及地方的各位大臣多有毁谤；四是言伪而辨，行伪而坚，宣传中外，鼓动流俗。

"你可知罪？"台谏们厉色问道。

"我自然无罪。"苏轼声音疲惫却坚定。

台谏见苏轼并没有被吓到，语气愈发严苛："你与王诜交好，曾经赠他诗文，可有此事？"

"有……"苏轼暗想，王诜贵为蜀国公主驸马，蜀国公主乃英宗嫡女，是神宗的同母妹，地位何等尊贵？难道王诜竟也被我牵连受审了？

台谏们似乎看出了苏轼的迟疑，讥讽地说："圣上令我们查办此案，王诜与你有关联，我们自然也审问了他。你与驸马交好，是否为了交通戚里，刻意与皇上身边的人密切交往？"

……

连番逼问袭来，苏轼头晕眼花。

"你与王诜之间往来频繁，借钱、饮酒、交游、酬赠……这些事情我们已经知道，你不必再隐瞒。"

"我二人秉性相投，素来交好。有何不可？"苏轼的声音已嘶哑。

"你诗文中多有冒犯皇上之处，无尊君之义，亏大忠之节，废为臣之道。还有什么可狡辩的？"

"哪里是我狡辩？"声音虽弱，苏轼仍据理力争，"分明是你们望文生义、无中生有！"

连天彻夜审讯，苏轼始终宣称自己无罪。

二十日，苏轼供状宣称除《山村》一诗之外，其余文字全部无关时事。

台谏们见苏轼没有交代出令他们满意的答案，愈发不满，弹劾之峻、询问手段之残暴，与日俱增。在他们眼中，满腹经纶的苏轼只不过是一个囚徒，行将就死。

"苏大人，苏大人……"苏轼在台狱中昏睡，恍惚间，听见有人叫自己。

他睁开眼睛，看见一个并不相识的狱卒，威武却面善，端着一只水盆。

"苏大人，我是负责看管您的狱卒。我煮了热水，给大人洗脚，驱驱乏。"狱卒笑道，说完，将水盆放下。

苏轼几乎哽咽。这台狱中人人如狼似虎，竟有如此仁德知礼的狱卒，如此善待自己！苏轼不由泪目，点头频频感谢。

苏轼为自己祈祷，期盼神宗皇帝能怜惜自己一片忠心，赦免自己的死罪。

6

如何处理苏轼诗案，神宗皇帝举棋不定。他大力支持变法，苏轼却对变法大加批判，这点着实令他动怒，但从内心深处，他绝不相信苏轼有谋逆之心。

奈何众人屡屡上奏参劾苏轼。这些人中，不乏身居高位的士大夫。

副相王珪以"根到九泉无曲处，此心唯有蛰龙知"一句上报神宗，道："陛下是飞龙在天，苏轼反而去求地下的蛰龙，岂非有不臣之心？"

神宗不予理会，正色道："苏子瞻一介诗人，所描摹的不过一株桧木而已，与朕何干？"

恰好苏轼好友章惇在一旁，他立刻上前为苏轼解围："王公难道不记得诸葛孔明也称卧龙么？龙一字并非只有人君才能用，人臣在诗中写龙这个字，王公觉得有何不可？"

王珪一时语塞。

退朝后，章惇快步走向王珪，诘问道："王公是想灭了苏子瞻一族么？"

王珪摇头搪塞："这是什么话？我只不过是将舒亶上报的内容秉明圣上！"

章惇嗤笑道："原来王公如此信任舒亶，便是舒亶的唾沫也是可食的么？"

王珪且窘且怒，拂袖而去。

然而参奏的台谏们太多，神宗皇帝也被他们左右。为平息众人怒气，神宗皇帝下令将苏轼自湖州带回，逮捕入狱。

神宗皇帝并不知道，台谏们意欲将苏轼诗案办成铁案，置苏轼于死地。

诸多台谏中，属李定最为卑鄙阴险。他料定苏轼有同党，便想出一条歹毒计谋，在崇政殿门外对同列官员大声感慨："苏轼真是奇才！"——若有人随声附和，则必然与苏轼有牵连。

台谏大兴文字狱，官员们早已人人自危，因此无人发声，置若罔闻。

见无人回答，李定又叹道："审讯苏轼时，提到三十年前的讥讽文字诗词，随问随答，一字不差，苏轼真是个奇才！"

周围依旧鸦雀无声。

回到御史台，李定将今日之事告知张璪："本想借此寻到苏轼同党，没想到那群官员竟然没有一个人说话。"

张璪烦闷不已："没有一个人说话？江宁王公（指王安石）的弟弟王和甫却在不停地说！他几次向神宗谏言，请求尽快放了苏轼。"

李定生气地说："上次相见，他开口便问我苏轼是否平安。他难道不知道苏轼与王公政见不合？我让他不要再插手此事，却不肯听！"言罢，心中烦闷，仰头饮下一杯茶，又道："莫说王和甫，便是王公自己，竟也向皇上求情，求皇上赦免苏轼之罪。苏轼多次公然诋毁新政，诋毁王公制定的青苗法等，罪大恶极，实难宽恕，王公竟然还替他求情！"

张璪也是满脸愤懑："原本想审出苏轼与王诜的勾当，治他个交通戚里罪。现有证据只能证实二人确实交好，若想坐实交通戚里，谈何容易？"

李定神色黯然："是啊！朝廷里还有许多保苏轼的人，苏辙不足惧，但那张方平是皇上素来敬重的老臣，吴充是中书门下平章事。另有章惇等人，也替苏轼向皇上求情。此事着实难办！"

7

冬季的汴京城异常寒冷，滴水成冰。

所幸看押苏轼的仍是那个和善狱卒，他每日打来热水供苏轼洗脚，既取暖，也祛乏。

这些天来，案情反反复复，苏轼已万般疲倦。

我入狱已经一百多天了，苏轼想，此生会有出去的那一天么？

入狱前，苏轼曾与随行的长子苏迈约定，让苏迈用食盒送饭来传递外面的消息：饭盒中只盛着肉与菜，意为一切平安；若外面有消息透露死罪难免，便在食盒中放上鱼鲊。

幸甚至哉，自苏轼进入台狱起，苏迈送来的食盒中便只有肉与菜。

这三个多月来，诗案涉及的人越来越多。亲朋故友被台谏们一一审讯，苏轼知道许多人因自己受到了牵连。他痛恨自己，恨自己自负才华盖世，在诗文中发下这许多牢骚讥讽，终于酿成大祸，殃及这么多人。

苏轼忽然想起亡妻王弗生前的话。她不止一次劝苏轼谨言慎行，怕有朝一日会连累家人。

他苦涩地笑了，暗暗道："弗儿啊弗儿，你万万想不到，我现在不仅连累了家人，还连累了朋友及其家人。"

寒风吹着枯枝，天色暗淡得不似白日。

狱卒提着食盒过来，见到苏轼，笑吟吟地说："苏大人，今天送食盒的人倒不是您家大公子。"食盒中赫然盛放着鱼鲊。

"是了！狱卒说今日送食盒的人不是迈儿。大约是迈儿知我必死，已肝肠寸断，无法见我，托别人前来送饭，让我知晓此事。"苏轼喃喃自语。

一瞬间，所有前尘往事掠过他的眼前，他想：自己一生为聪明所累，最终招此杀身之祸。

晚上狱卒端热水过来时，见苏轼满面泪痕，慌忙前来搀扶。

苏轼拉住狱卒的手，说道："有劳您，待我死之后，替我给我弟弟子由送封信，算作我的遗言。"怕狱卒不肯帮忙，又慌忙解释："莫怕，只是两首诗，求您帮忙！"

狱卒为之动容："苏大人，您名满天下，我虽为小小狱吏，却爱慕您的才学，仰慕您很久了。您的嘱托，我一定完成。"说罢，取来纸笔，交给苏轼。

苏轼定定神，草草拟了两首诗，边写边落泪，最后竟泣不成声。

狱卒在一旁也不免心酸，一道落泪。

苏轼写完后交给狱卒，千恩万谢。

狱卒出门后仔细读诗，诗为长题——《予以事系御史台狱，狱吏稍见侵，自度不能堪，死狱中，

不得一别子由，故作二诗授狱卒梁成，以遗子由》
（二首）：

圣主如天万物春，小臣愚暗自亡身。
百年未满先偿债，十口无归更累人。
是处青山可埋骨，他时夜雨独伤神。
与君今世为兄弟，又结来生未了因。

柏台霜气夜凄凄，风动琅珰月向低。
梦绕云山心似鹿，魂惊汤火命如鸡。
眼中犀角真吾子，身后牛衣愧老妻。
百岁神游定何处，桐乡知葬浙江西。

8

"是处青山可埋骨，他时夜雨独伤神。与君今世为兄弟，又结来生未了因。"神宗皇帝口诵这两句诗，心有怜悯。

苏轼诗案悬而未决已逾三月，不仅朝堂上众臣子各执一词，争吵不休，就连后宫也介入这场纷争。太皇太后曹氏为苏轼求情，向神宗亲述当年仁宗对苏轼兄弟是如何看重："当年，仁宗皇帝见苏轼兄弟二人少年英才，甚为高兴，亲口对哀家说：'我替子孙们寻觅到了两个太平宰相。'苏轼如此有才干，怎可轻易处置？"

神宗素来敬重祖母，但又觉得若轻易饶恕了苏轼，难堵变法派悠悠之口，便沉默不语。

曹太后又道："想我大宋，自开国起便不杀文臣，不兴文字狱。如今苏轼因几首诗而入了台狱，还望皇帝万万不要定他死罪。"

神宗见祖母大病未愈，仍苦苦为苏轼求情，心中不忍，便应了下来："祖母宽心养病，万万不要因殿前事而劳神，孙儿一定大赦天下为祖母祈福。"

"哀家患病已久，为何要因哀家的病而宽赦那些凶狠险恶之人？"曹太后拉住神宗的手，叮嘱道："哀家只要你宽赦苏轼一个人。"

神宗本无杀苏轼之意，加之祖母再三求情，早已决意从轻发落。今日又读到这两首绝命诗，更添怜悯。

苏轼头也不回地离开乌台。

元丰二年（1079）十二月二十九日，苏轼出狱。神宗敕责授检校尚书部员外郎，充黄州团练副使，本州安置，不得签书公事。

走出御史台时，唯有那名狱卒送行。苏轼多次道谢，仍觉得报答不了狱卒的那份善意。

太阳照在雪上，反射出白茫茫的光，掩盖了尘世间所有的黑暗与悲伤。古柏的叶子未落，却也被雪遮住了一身绿装。寒鸦不知去了哪里，大约是飞去更温暖的地方了。

"现在的乌台便不似乌台了。"苏轼头也不回地离开了。

躬耕东坡

1

元丰三年（1080）元月初一，苏轼启程去黄州，长子苏迈陪同，其他家人过些日子再来黄州。

黄州距汴京城大约千余里，虽称不上远在天涯海角，但也绝不是什么富庶风流之地。

此时的汴京城仍是冰天雪地，却热闹非凡。街头处处张灯结彩，白日也有人放爆竹，穿红衣的小儿们捂住了耳朵笑闹着，人人喜迎新岁。

到底是汴京啊！苏轼想。他记起曾在汴京度过的新年，集市是最美好的地方，不止元月，腊月里汴京城的街巷中便到处可见撒佛花、薄荷、胡桃与泽州饧等物，更不消说还有新鲜的韭黄、生菜与兰芽。除夕那日，皇宫中要举行傩神驱邪的仪式，武士们戴着各种假面，手持金枪龙旗，进行种种表演。门神、钟馗、判官、土地爷、灶王爷……戴假面的武士们足有千人，他们从皇宫中鱼贯而出，驱逐邪祟。

此刻若我不是戴罪之身，一家人团聚在汴京城中过新年，不知有多开心。想到此处，苏轼不免心酸，想起了家中的二子苏迨与三子苏过。两人一个不到十岁，一个不到八岁，正是见到万事万物都稀奇的年纪。

苏轼从狱中回家后，得知自己的许多诗文册被妻子焚烧一空。"就是因为你写的这些东西，我们全家才落得如此下场，我怎能不烧它？"王闰之哭着说，两小儿紧紧地抱着父亲不撒手，苏轼唯有内疚。

此时想到他们，苏轼依然内疚。

前面有杂耍队伍经过，人潮拥挤，马车停住了。

苏轼探头出去，却见到三五僧人经过马车旁。他们口念佛陀，手捧银质沙罗，里面放置着一尊坐姿的金佛像，用香水浸泡着。"原来是化缘的僧人。"苏轼心道，"倒是应该给些化缘钱，可惜如今我囊中羞涩。"一僧人手持蘸了水的杨枝，从苏轼头上掠过，微小的水珠沁入他的额头。那一瞬间，苏轼忽然有些顿悟，仿佛少年时吃了松脂后在林中沉睡，忽觉有菩萨的手指拂过：黄州远在千里之外，菩萨是在可怜我在元月作远行客吧。人生便是一场逆旅，谁人又不是行人呢？

2

路上走了近一个月。二月一日，苏轼和苏迈方才抵达黄州。

刚到黄州，苏轼先是寓居在佛寺定惠院，待两个月后家人都到齐，又搬入临近长江的临皋亭。

苏轼此番前来黄州，是任黄州团练副使，本州安置，不得签书公事。无定员，无职掌，苏轼知晓，自己此时的身份是被贬谪的犯官。

苏轼收到了故人章惇的来信。他与章惇自凤翔任上便相识，此时章惇已由翰林学士拜参知政事。

章惇主动写信给苏轼，劝勉苏轼要"痛自追悔往咎"。苏轼感念他主动寄药石给生病的自己，觉得章子厚真非世俗中人，并未轻视患难中的自己。

初到黄州的那些日子，苏轼常给旧日朋友写信，一则联络情感，二则为他们受到自己牵连而道歉。这些饱含着情意与歉意的信笺寄出许久，却不见只言片语的回复。一旦有患难，无复有相哀者，苏轼早就明白这个道理，但仍然不免觉得落寞。

困在这个闭塞的地方，也没有鸿雁传书，情郁于中不得发泄的他，只能寄情于天地。他的一腔孤愤化入《卜算子》中：

缺月挂疏桐，漏断人初静。谁见幽人独往来，飘渺孤鸿影。　　惊起却回头，有恨无人省。拣尽寒枝不肯栖，寂寞沙洲冷。

他已不再只是喜好欢歌美酒，嬉笑怒骂皆成文章的才子，他还是月下独自往来的幽人，是寂寞沙洲中的那只孤独飞鸿。

3

苏轼在黄州吃不起羊肉。

黄州的羊肉既少且贵，苏轼在集市中逛了半晌，想起了凤翔的烤羊、汴京的烧羊与炉羊。在这贬谪之地，他便是连块生鲜羊肉也买不起。

积蓄本够用一年，但以苏轼之旷达豪迈，从未珍视钱财，时间一长，难免囊中羞涩。

幸好黄州被长江环绕，鱼虾丰美，还有满山的竹笋。既买不起羊肉，苏轼便烹鱼为家人充饥：在新鲜的江鲫腹中塞入菘菜心，冷水下锅，入盐，依次再放入生姜、萝卜汁及酒，快熟时再倒橘皮线。鱼肉之甘美，只有亲口品尝的人才能知晓。

可惜积蓄依旧一日少于一日，便是鱼羹也不能常常食用。

马正卿（字梦得）不远千里来黄州拜访苏轼时，苏轼家正陷入左支右绌的境地。

马正卿也是寒士，与苏轼相识二十年，不管彼此得势与否，两人始终交好。苏轼刚被贬谪黄州不久，马正卿便来看望他。

苏轼见故人寻来，百感交集。刚寒暄几句，马正卿抬头见到满房梁挂着钱串，吃惊地问："子瞻，这是什么？"

苏轼一笑，用画叉挑下来一串钱给马正卿看："一串钱一百五十文，我家人每日的花销便是一百五十文。我遭遇贬谪，积蓄已经不多，每月只能花四千五百文，所以我每日清晨挑下一串，作为当日吃穿用度的花费。"

马正卿见苏轼拮据成这样，自己却无力接济，只得在梁下低头长坐，不停叹息。

苏轼见马正卿满面忧虑，不以为意，反而笑道："梦得，前些天我想了许久，终于明白我为何一直困顿。唐代韩愈以磨蝎为身宫，我则以磨蝎为命。韩愈一生颠沛，颇多谤誉，足见这个时候出生的，便没有富贵人。梦得，你比我小八岁，却与我一样是磨蝎座。我与你都属于顶顶穷困之人，但若硬是要分个高下，想来还是你更穷些。"

马正卿本想和苏轼讨论生计，听到这番话，哭笑不得。

4

见苏轼一家人日子过得实在捉襟见肘，马正卿左思右想，私下里向郡守请求，为苏轼求一块无主的荒地耕种。黄州知州徐君猷大度宽厚，又格外爱惜苏轼的才华，便将黄州城东一片荒芜的坡地交给他耕种。

此地原先驻扎过军队，遍地瓦砾石块，杂草丛生，开荒时很是艰难。苏轼带全家老小及友人来清除瓦砾碎石，刈草斩棘，最后竟足足整理出五十亩田地。

耕牛买回来的时候全家都很高兴，尤其是苏轼，饮了一杯自酿的蜜酒，满脸潮红："从今天起，世上便多了一位田家翁。"

冬天种麦苗，夏天种稻米，也种一些蔬菜瓜果。

先前只知道吟诗作赋的苏轼真的变成一位田家翁，常常穿戴着一身蓑笠在田间地头耕种。不光苏轼，苏家所有人都用汗水灌溉着这块城东的荒地。莫说一向勤劳善家务的王闰之、不离不弃的王朝云，便是苏迨、苏过两个小儿，也每日劳作，不辞辛苦。

黄州人听闻蜚声于世的苏轼在东坡躬耕，特意来看，却只在田地里看见一位汗流浃背的田家翁。

乡民试探着问："你是谁？"

田家翁放下锄头，擦一擦汗，回答："我是苏轼。"

东坡边上有片废圃，苏轼新建五间小屋，因是在大雪时所建，所以取名为雪堂。苏轼无钱装点新居，只在四壁之间绘满雪景，立于堂中环顾四周，满目所见都是雪景。

雪堂前种有细柳，后有一口浚井，西边有甘甜的山泉。苏轼利用清浅水流制成一口陂塘，不仅可以灌溉东坡，也可以养鱼种莲花，又栽种了些黄桑。春日里桑叶招展，沙沙作响，既是雪堂胜景，又能摘下桑叶养蚕纺织，贴补家用。

这样的岁月，虽然有些清苦，却也自由自在。苏轼给友人写信时，谈到此时的自己，似乎有无限满足："有屋五间，果菜十数畦，桑百余本，身耕妻蚕，聊以卒岁也。"

芒种之后，麦子便成熟了，这是躬耕东坡以来的第一年丰收，一家人收获二十余石粮食。恰逢家中粳米吃完，王闰之善烹饪，将麦粒与红小豆掺在一起，煮成饭。家中的小儿女相互调笑，说这粗粮吃起来像是吃虱子。苏轼大笑："不然不然，我倒觉得颇有西北村落气味。尤其是撒一把小豆一同煮饭，吃起来尤有滋味。"王闰之见丈夫不改旧日脾性，也笑道："这是新样二红饭！"

苏轼好久没见过王闰之笑了。王闰之一向极少说俏皮话，纵然不是在这贬谪处，而是在繁华竞逐的杭州城，她也少言寡语，只管埋头料理家事。夫妻多年，苏轼极少从她那里听到什么新奇有趣之语。

在这穷山恶水，若不是王闰之辛勤劳作，自己何以撑得起这一大家子人的开支？想到此处，苏轼不免有些心酸，又不想被这一桌人看见，偷偷低下头去。

5

苏轼决定自号东坡居士，以纪念这段不平凡的经历。

白居易在忠州任刺史时，也曾躬耕，也曾在城东山坡上有一块荒地。不同的是，刺史白居易种植的是花与树："持钱买花树，城东坡上栽。""东坡春向暮，树木今何如。漠漠花落尽，翳翳叶生初。"春天到来时，满坡杂花生树，一定很美，苏轼感慨着。

而今在东坡躬耕，苏轼不再格外羡慕白居易的生活了。现在的自己，有简朴宅院，有小小农庄，自己的东坡虽不像白居易的东坡花草连天，却自有一番风味。

尤其一场新雨后，东坡人迹罕至，仿佛只属于他一个人。到了晚上，苏轼持杖夜游，抬头见月色清亮，侧耳听到铿然曳杖声。他在月色中缄默不语。种种幻身远去，自己不再是人人称赞的才子，也不再是受尽诟辱的犯官。如今的自己，躬耕于黄州城东一块小小天地，精神遨游大荒，与天地相知。

只是渐渐不为人所知而已，又有什么可惧？今日的苏轼，正为此欣喜。

故人来访

1

自苏轼来黄州，已经过了三年。

　　自我来黄州，已过三寒食。
　　年年欲惜春，春去不容惜。
　　今年又苦雨，两月秋萧瑟。
　　卧闻海棠花，泥污燕脂雪。
　　暗中偷负去，夜半真有力。
　　何殊病少年，病起须已白。

春江欲入户，雨势来不已。

小屋如渔舟，蒙蒙水云里。

空庖煮寒菜，破灶烧湿苇。

那知是寒食，但见乌衔纸。

君门深九重，坟墓在万里。

也拟哭途穷，死灰吹不起。

在这第三年的寒食时节，苏轼拟就《寒食雨》二首，又一时兴起写下来。黄庭坚看了大加赞赏，认为苏轼的笔法精进，有颜真卿、杨凝式、李建中的笔意。这些年来，黄庭坚、晁补之、秦观、张耒等人先后拜入苏轼门下，相互之间多有诗词唱和，足以为乐。

在黄州的这几年，苏轼与旧日的朋友们逐渐恢复了联系。有人途径黄州时前来探望苏轼，更有人不远千里来看望他。巢谷便是其中一位。

看到巢谷的时候，苏轼又惊又喜。

巢谷（字元修）本是眉州人，在苏家两兄弟幼年时就相识。不善读书的巢谷自幼便任侠擅武，虽在眉州随先生上过学，也曾进京赶过考，却名落孙山，转而考武举人，依旧落选。

"元修兄，你与我兄弟在眉州一别，不料竟在黄州相见！"在贬谪地见到故人，千言万语，苏轼不知从何说起。

巢谷说起别后境遇，让苏轼瞠目结舌：考场败北后，巢谷向西北进发，去河州一带讨生活，因此结识了名将韩存宝，深得韩将军信赖。元丰三年，也就是苏轼被贬黄州的这一年，韩将军奉命去泸州一带平息部落叛乱。韩将军一生戎马西北，不熟悉西南形势，特意邀请巢谷来军中做参谋，但最终仍打了败仗。韩将军自知会被朝廷问罪，几乎必死无疑，便偷偷召来巢谷，将自己的百两银钱相托付，请他找到自己家人，交予他们。巢谷向韩将军允诺，一定会将财物交到他家人手中。从此，巢谷改换姓名，带着银子一路跋涉，历时许久，终于找到了韩将军的儿子，将银钱一分不少地交给他。

巢谷像是在说着一件平淡的小事，苏轼却听得胸中波澜起伏，叹道："元修兄啊，你哪里像是这个时代的人，你真真像是个古人！"又追问："那韩将军最后如何了？"

"韩将军果然被朝廷处死了。"巢谷面有哀色，良久之后才缓缓道："我是韩将军的参谋，韩将军因平乱失败而亡，我也受到牵连。这几年我一直隐姓埋名，在江淮一带躲避追捕。直到最近朝廷大赦天下，我才敢以真面目示人。子瞻，你名满天下，我在江淮一带隐居时，就听说你因诗案被贬黄州。如今我已是自由身，与你多年不见，理应前来黄州探望你。"

苏轼哈哈大笑，道："人生不如意十之八九，你我皆是不如意之人。"

巢谷素来豪爽，也随之大笑。

苏轼见巢谷古风尚存，精神也为之一振，向巢谷介绍："黄州虽贫瘠偏僻，有一样东西却好。此地土猪满山都是，滋味甘美，但本地人不喜欢吃猪肉，猪肉价贱如土。元修兄，你既来了黄州，一定要尝尝这土猪肉。"

巢谷连声称好。

苏轼全家在黄州一住好几年，吃穿用度都很节俭。苏轼到了黄州后，经济拮据，可以说是数着铜板度日，幸好黄州土猪满山跑，当地人却不爱吃，因此便宜得很。苏轼讨了便宜，为此得意地作了《猪肉颂》：

> 净洗铛，少著水，柴头罨烟焰不起。待他自熟莫催他，火候足时他自美。黄州好猪肉，价贱如泥土。贵者不肯吃，贫者不解煮，早辰起来打两碗，饱得自家君莫管。

2

巢谷随苏轼一家在黄州住了许久。他们一起在东坡垦荒种田，一起同访客泛舟赤壁，作诗饮酒。

期间也有别的同乡来黄州相访。眉州道士陆惟忠带来苏轼同窗陈太初的消息，说他修道已有所成，不日或可成仙。

陈太初？苏轼回想起昔年和陈太初一起在天庆观随张道长读书的日子。如今太初已得道，而我却落入这仕宦的牢笼。苏轼有些怅然。

他已经有许多年不曾回故乡了，但未尝有一日敢忘怀故乡。

故乡奔流不息的岷江水是不是如黄州的长江一样？

苏轼想起七岁那年见到的峨眉老尼。老尼说自己曾随师父进过蜀主孟昶的宫，见过花蕊夫人，还听见过蜀主念诗。花蕊夫人早已不在人世，便是那眉山老尼，也已死去多年了。苏轼在黄州的夏夜忽然想起故乡，想起他们，填了一阕《洞仙歌》：

冰肌玉骨，自清凉无汗。水殿风来暗香满。绣帘开、一点明月窥人，人未寝、欹枕钗横鬓乱。　　起来携素手，庭户无声，时见疏星渡河汉。试问夜如何，夜已三更，金波淡、玉绳低转。但屈指、西风几时来，又不道、流年暗中偷换。

在历史的滚滚浪潮中，人是多么的渺小，小到犹如山中的一颗尘埃，如长江溅起的一滴水珠。苏轼已逾不惑之年，两鬓生出了白发，早年致君尧舜的理想在黄州这座江边小城一点一点消散。人生不永，壮志难酬，古已有之，所以宋玉悲秋，王粲登

苏轼在黄州赤壁。

楼。苏轼想：便用一杯水酒，消弭这亘古的悲吧！

大江东去，浪淘尽，千古风流人物。故垒西边，人道是，三国周郎赤壁。乱石穿空，惊涛拍岸，卷起千堆雪。江山如画，一时多少豪杰。　遥想公瑾当年，小乔初嫁了，雄姿英发。羽扇纶巾，谈笑间，樯橹灰飞烟灭。故国神游，多情应笑我，早生华发。人生如梦，一尊还酹江月。

3

巢谷说自己要继续云游。苏轼舍不得他离开，但巢谷去意已决。

两人来到江边漫步话别。对着滔滔江水，巢谷忽然掏出一个小小布囊，神情肃穆地说："子瞻，我家有一个祖传秘方，可以治疗瘟疫，名为'圣散子'。黄州依山傍水，风景秀美，可我总觉得山林中或许会有瘴气。若不幸发生瘟疫，'圣散子'药方可以救你全家于危难。"

来到黄州后，苏轼一直受病痛折磨，闻说有秘方可治瘟疫，喜不自禁。刚想伸手接药方，却被巢谷挡住："子瞻，你和子由都是我的知己。虽然'圣散子'是我家传古方，秘不示人，我依旧愿意交给你。但你必须答应我，不能将此方示人。"他指着滔滔江水，面容诚挚地说："子瞻，你若答应，就在这长江前起誓。"

苏轼转身对着长江水庄严起誓，巢谷将布囊塞进他手中。

苏轼小心翼翼地拿出圣散子方，见上面罗列的药品不过是肉豆蔻、石菖蒲、茯苓、柴胡、麻黄、白术、泽泻、藿香等常见药物，不由心生狐疑："元修兄，圣散子所列的都是些常见草药，果真有如此奇效？"

巢谷目光灼灼地说："子瞻，此方必能保你全家无虞。"

4

黄州的瘟疫突如其来。

春夏之交，前一刻还在街巷上行走的人，转瞬间便倒地不起。周围的人慌忙前去搀扶，只见病人面色苍白，不停地打寒颤，口角似有白沫溢出，伸手去探，竟全身发烫。

"这几天街市上已经倒下好几个了，莫不是疫病？"人们七嘴八舌地议论。

店铺老板当即拴上店门，只留一个狭仄的小窗递货取钱。街上行人四散，不敢再聚众闲逛，纷纷跑回家关门闭户。富户们三三两两派家仆来城中药铺，开些祛热解毒的方剂回家煎煮。

药铺虽人满为患，但疫情并不见好转。常常听说城中百姓在家发热急喘，不几日便离世。家人怕疫情扩散，纷纷将亡者草草下葬，一时间丧仪乐声此起彼伏，连山路的泥沙中都裹着新叠的纸钱。

或许是连续降雨导致的湿毒太重，苏轼浑身发烫，眼睛痒胀难耐，取来铜镜对照，发现双眼竟然赤红。家人七嘴八舌地商量，要去药铺买药来治。苏轼想起巢谷离开之前所赠的圣散子方，让家人按药方去药铺抓药。

"这是巢谷留下的秘方，不知是否有效。待我先试药，若真的有用，再告诉黄州人。"苏轼并没有忘记自己在江水前立下的誓言，他并不愿意违背朋友之间的承诺，只是在全城百姓的性命面前，一切都无足轻重。

黄昏时苏轼服下一剂汤药。说来奇怪，滚烫的汤药入腹，燥热的身体却渐渐降下温来，苏轼只觉得周身舒缓。

第二天，苏轼起床盥洗，家童看了看他，惊喜地说："老爷，您的眼睛完全好了！"

苏轼对镜自照，果然如此。欣喜之余，他又拿起圣散子方，在桌前仔细核算。圣散子方所列的草药没有珍稀名贵品种，所以配置起来不大费钱，即使是不太宽裕的人，也吃得起几贴方剂。何况这药起效快，患了疫病的人并不需要长期吃药，寻常人也不会因服此药而致贫。

想到这里，苏轼忍不住抚掌："元修啊元修，只有你这般奇人，才有这般奇药！"

苏轼将圣散子方告诉患疫病的左右乡邻。乡邻都敬佩苏轼是天下闻名的大才子，自然相信他，纷纷配药服下。

不过几贴方剂而已，前一日还卧病在床哀嚎不止的人迅速好转，再过一日，已经可以下床行走，好像从来不曾染上过瘟疫。

一传十，十传百，黄州人都知晓了圣散子方，纷纷配来用水煎服，病患逐渐少了起来。待到夏末，这场来势汹汹的瘟疫就过去了。

5

监筠州盐酒税的苏辙来信，说筠州城突发瘟疫，横死者众多，自己忧心不已。苏轼随信附上巢谷的圣散子方，又详细介绍了在黄州治疗瘟疫的经验。

不久后苏辙又来信，说自己亲自制作圣散子药方，又煮好糜粥，一起送给患疫病的百姓，瘟疫很快得到控制，救活无数的筠州百姓。

放下弟弟的信，苏轼又想到了巢谷。他常和巢谷回忆故乡风土，眉州山中长着一种野菜，春末夏初时漫山遍野地疯长，采撷回家烹煮，鲜美可口。

雨后黄州山中有鲜竹笋，有满目的野菜，但苏轼与巢谷满山寻了很久，也找不到故乡的那种野菜。

巢谷临走之前还说，待他返乡之后会托人把这种野菜籽捎来，若春耕时栽种，细心照料，在黄州也能吃到故乡的野菜。

这年早春，果然有眉州乡人捎来野菜籽。苏轼欣喜不已，春天在东坡撒籽栽种，不过一个夏天，野菜茂盛到已在桑树上攀爬。放上一些佐料，野菜便鲜美可口，家中人人爱吃。孩子们不止一次地问苏轼这种野菜叫什么名字，苏轼遍寻《诗经》中草木之名，也说不准确。

如今，苏轼告诉孩子们，这野菜就叫元修菜。

江宁王公

1

元丰七年（1084），苏轼自黄州团练副使量移汝州团练副使。

从长江沿岸的黄州向中原汝州进发，要途经许多名胜之处，苏轼携家小一路前行，一路观赏。庐山、石钟山的钟灵毓秀，已非文字可以描述，苏轼如同刚飞出囚笼的鸟儿，被眼前美景吸引，处处流连。

再沿江而上，便是江宁。江宁住着一位赫赫有名的大人物：王安石。自熙宁九年（1076）罢相之后，王安石便一直居住在江宁的半山园，很久不问世事了。虽说王安石如今已不是宰相，门生故吏却遍及朝野，更不用说还有神宗皇帝的时时挂念。

苏轼想前去探望退隐江宁的王安石，却有些踌躇。

苏轼自诩是个磊落之人，本不该如此举棋不定。但天下人谁不把他苏轼当成是旧党中人？旧党与新党相互敌视，党争频繁似乎永无止境。不要说多年来他与王安石政见相左，便是他苏轼遭此贬谪大难，也是拜新党中人所赐。

2

苏轼还记得父亲说过与王安石第一次见面的场景：大约是嘉祐年间，苏洵在欧阳修府上见到王安石。满座人高谈阔论，唯独座中有一个人不言不语，低眉垂首，头发胡须都乱成一团。

苏洵有些好奇此人是谁，等此人一离开，便问欧阳修："不知刚才那个囚首丧面的人是谁？"

欧阳修吃惊地说："他就是名满天下的王安石啊！你竟然不认识他？"

苏洵摇摇头说："依我看来，此人不近人情，将来必乱天下。他若当朝得志，就算是圣明的君主，也会被他欺骗迷惑。不知欧阳公为何与他来往？"

苏洵父子三人曾得到朝廷大员张方平举荐，与张方平关系十分亲近；张方平对王安石的政治思想极为抵触，苏洵也是如此。一言以蔽之，两人的政治观点分歧较多：在治国之道上，王安石强调改革变法，而苏洵重视整顿吏治；在经济上，王安石认为治财之道在开源，而苏洵却在《上皇帝书》中说应当以节俭为本。

父亲苏洵的激烈态度自然也影响了苏轼与王安石的交往。苏轼还记得，嘉祐五年（1060），王安石曾写过一篇制词给自己，满是器重，认为自己日后一定堪当大任。而自从父亲苏洵与王安石的矛盾激化之后，王安石与苏轼便再无多少交往。

3

治平三年（1066），苏洵卒于汴京，苏轼、苏辙兄弟扶灵返故乡丁忧三年。等到丁忧期满，两人于熙宁二年（1069）重新回到汴京城时，面对的是一个迥然不同的时局：宋英宗病逝，神宗继位后认同王安石的政治主张，对王安石格外信任。而当年对苏轼兄弟格外器重的老臣们（富弼、韩琦、欧阳修、张方平……）都已退出政治舞台。

王安石以变风俗、立法度为志向，一上台便推行变法，手段异常激烈，因此很快引发了朝堂众臣的分裂，本是同朝为官的臣子，却彼此相互视为仇寇，最终陷入难以调和的境地。范镇向神宗举荐苏轼作谏官，不料新党的谢景温弹劾苏轼，说苏轼趁父亲亡故回蜀丁忧之际，在舟中装载货物、贩卖私盐。

此番弹劾虽不了了之，但苏轼有些心灰意冷。熙宁四年（1071），苏轼自请外任，任杭州通判，与新党之间的矛盾似乎暂告一段落。

杭州任上，苏轼几乎闭口不提王安石与变法，偶尔有零星牢骚，都写入诗中。

"官今要钱不要米，西北万里招羌儿。龚黄满朝人更苦，不如却作河伯妇。"苏轼还记得在浙江看见的那个田家妇人，在雨灾与新政的夹击之下无以为生。为了缴纳官府的税钱，贫穷的农人们只得卖牛、拆房换钱。新政出现这样的流弊，怎不令人扼腕痛惜？

也是在杭州通判任上，苏轼听到了王安石罢相的消息。

王安石的变法新政历经坎坷。自熙宁三年到熙宁九年，六年时间中，不光旧党时有抨击，便是连新党内部也矛盾连连，互相倾轧。

熙宁七年（1074）春，天下大旱，饥民们流离失所。一些大臣指责王安石变法导致了这一恶果，更有人绘制了流民旱灾困苦图，呈交神宗皇帝，力谏罢免王安石。后宫中的太皇太后曹氏与太后高氏向神宗哭诉，说是王安石乱了天下。种种压力之下，神宗罢免了王安石的宰相职务，改任观文殿大学士、知江宁府。

这是王安石的第一次罢相。

当苏轼察觉新法并非一无是处时，是在密州知州任上。苏轼将新法中的免役法转变成"给田募役法"，收取役钱之后，不直接以役钱来雇人服役，而是将役钱用来买田，然后用田产来募役。这种举措带来了很好的效果，在给神宗皇帝上书的《论给田募役状》中，苏轼提到了变通性改革带来的实际好处。

熙宁八年（1075），吕惠卿在陈州上书，揭发王安石在给他的私人信件中有"无使上知"之类的言辞。因此，王安石在熙宁九年第二次罢相。

消息传来，苏轼很是吃惊。那时他还不知王安石罢相后，当权的新党中人会将自己弹劾入狱，继而贬往黄州。

想到这里，苏轼有些激动。他知道，几年前他下狱，故交好友全力营救、上书请赦自不必说，王安石、王安礼兄弟亦先后向神宗上书，保自己性命。王安礼上书说："自古大度之君，都不会以言罪人，若对苏轼处以极刑，后世人一定会说陛下不能容才。"王安石虽然已经罢相，却依旧是神宗看重的人，他的一句"哪里有盛世杀文士的道理"，为苏轼平安落地又增加不少砝码。

四下无人时，苏轼偶尔会沉思前事：我少年

时，确实过于妄论利害，诙说得失，对变法只是一味指责，有很多需要检讨之处。王安石力行变法，本意是想富国强民，并没有什么错，只是急功近利，才造成了种种不妥。

4

元丰七年（1084）七月，苏轼乘舟到了江宁。

江水缓缓流过，苏轼站在船头，看见盛夏的江南绿意盎然，映得江水一片碧绿。

"上一次见王公，已是许多年前的事了。"苏轼心想。他记忆中的王安石，还是当年那个不苟言笑的宰相。

离岸越来越近，还能嗅到岸边香樟树隐隐传来的香气。岸边有位老者骑驴缓行，苏轼仔细一看，这位老者就是王安石。

两人对望，彼此胸中涌起万语千言。早年那个锋芒毕露的才子苏轼，如今已是长期谪居的中年人，而当年朝堂之上风光无两的王安石，历经亲信背叛、独子早逝，也已退闲金陵多年。

王安石下驴刚站定，苏轼便上前几步作揖，说道："苏轼今日前来拜见王公，却穿着便装，多有失礼。"

王安石见苏轼一身粗衫布衣，看起来与江宁百姓无异，于是朗声大笑，握住苏轼的手："尘世间这些繁文缛节，岂是为你我这样的人而设？子瞻，从我见你第一面起，就觉得你是天下不可多得的人才。直到现在，我依旧这么想。多少年过去了，如今我已年过花甲，而你，也是两鬓斑白了。"

苏轼赶忙道："苏轼当年入台狱，几乎有杀身之祸。感念王公不念旧恶，为我仗义执言。"

王安石摇头道："我与你之间的恩怨只关乎国家与社稷大事，却从来不是为了蝇营狗苟的私利，我们之间并无私怨。我从来都这么认为，料想子瞻你也是如此吧。"

在江宁王安石的半山园，苏轼住了一个多月，与王安石朝夕相处，或登山赏景，或谈诗作赋。苏轼看见的，是一个超脱政治之外、友善平和的王安石。昔日朝堂上那个雷厉风行、敢冒天下之大不韪的宰相王安石已经不见了。在充斥着党争的岁月蹉跎中，王安石变成了现在这个荒野中骑驴独行的老人，带着满面病容。

筵席中，王安石与苏轼谈论过往，都不胜唏嘘。苏轼心中有万千感慨，抬头却看见王安石只吃眼前一盘苦笋，不由想起当年自己在汴京时，馆阁中人说王公不在意吃穿，聚餐时向来只吃眼前的一盘菜；又说王公从来不挂念小事，连洗澡都要旁人再三相劝，以至于经常满面尘垢，看起来像是得了重病。想起这些传言，苏轼不由莞尔。

"子瞻，依你看，江宁好不好？"王安石素来不拘小节。

"江宁自然好，倚枕六朝烟雨，历来是富贵之地。"

王安石笑："确实如此，千里澄江似练，翠峰如簇，景色何其壮美。子瞻，你不如在江宁买田置宅，与老夫为邻。"

"之前我从未有幸随王公游学，我恨不得十年之前就在江宁买田，能得陪王公老于钟山之下。"说这些话的时候，苏轼并非虚与委蛇。

一个多月后，苏轼离开江宁。他已经有许多年不曾像现在这么轻松快乐了。这次来江宁见王安石，既是为了私交，更是一种政治上的和解。

苏轼离开时，王安石骑驴相送。望着远去的船，王安石叹息一声，说道："像苏子瞻这样的人物，不知以后几百年才能再出一个。"

政治上的对立只是一时之争，而对彼此道德及人格的评价才称得上永恒。"我很久以前就想在您门下游学，可惜一直没有机会。而今相处甚久，您的教诲让我受益匪浅，真乃我平生一大幸事。"苏轼后来写信作诗给王安石，这样诚恳地说。

5

元祐元年（1086）四月，王安石于江宁去世，终年六十六岁。

消息传到汴京，苏轼在案前坐了许久。一年多来，他时常感慨命运之手翻云覆雨。他没有听从王安石的劝告，在江宁买田置产，而是上书神宗皇帝，乞求在常州定居。得到神宗皇帝应允，苏轼很是高兴，掏出全部积蓄，在常州购置了一处房产。

元丰八年（1085）三月五日，正值壮年的神宗皇帝驾崩，哲宗继位。哲宗当时还不到十岁，无力料理国家大事，由祖母高太后垂帘执政。高太后重新启用已赋闲多年的司马光担任宰相，主持国事大计。司马光废除新法，贬斥一众新党人物，重新召回贬谪在外的旧党人士。

已准备在常州养老的苏轼没料到，自己会在短时间内一步步擢升：

元丰八年（1085）五月六日，被任命为朝奉郎，知登州；

九月十八日，任命为礼部郎中；十二月十八日，任命为起居舍人；

元祐元年（1086）三月十四日，免试任命为中书舍人；

九月十二日，任命为翰林学士，知制诰。

从一名小小贬官到翰林学士，苏轼只用了十六个月。

"王公啊王公，人生真可咍（hāi，讥笑）。"苏轼写诗遥寄王安石：

秋早川原净丽，雨余风日清酣。

从此归耕剑外，何人送我池南。

但有樽中若下，何须墓上征西。

闻道乌衣巷口，而今烟草萋迷。

乌衣巷口烟草萋迷，江宁岸边送苏轼归去的老者也已逝去。斯人已殁，但苏轼与他惺惺相惜的情感并没有随之而终结。

没有终结的，还有党争。

苏门六君子

1

元祐元年（1086）六月，汴京城，恰逢学士院考试结束，考生们鱼贯而出，彼此交谈着。

酷暑难耐，张耒（字文潜）体胖，最是怕热，在烈日下汗流浃背。

"六月火云蒸肉山，文潜这身肉山，可真是遭了罪。"黄庭坚（字鲁直）拍着张耒打趣。

晁补之（字无咎）指着前方说："曹家从食就在前面，咱们不如去吃些凉浆，也好让文潜兄消了一身暑气。"

三人笑着向朱雀门走去。

按北宋官制，凡文士被授予馆职，必先登第，有仕宦经历，再经官员保荐，才可来学士院参加考试。

黄庭坚、张耒与晁补之三人皆是苏轼门生，由苏轼举荐而来。这次考试，主考官也正是苏轼。

凉浆、冰雪、甘草汤最是消暑，他们各要了一份。张耒对晁补之说："待天气转凉些，我们一起去探访履常吧！"

履常便是陈师道，自元丰八年以来，陈师道寓居于汴京东南陈州门一带。陈师道文章卓绝过人，却不愿参加科举，年过三十还是一名布衣。

张耒又说："今年春天我去探访履常，他家徒四壁，却泰然处之。我劝他应举出仕，又写信规劝，履常回信却说，他多病心衰，且已错过建功立业的好时机，不打算出仕。"

黄庭坚长叹一声，说道："元丰七年，我由大名府移监德州德平镇，途中路过颍昌，与履常相识，一见如故。履常为人独立不迁，从不趋炎附势、攀附达官显贵，他的安贫乐道让我想起居陋室而不改其乐的颜回。对他，我只有钦佩。"这几人中，黄庭坚年纪最大、入仕最早，转任各地，见过各种各样的人，更觉得陈师道品格之可贵。

张耒神色有些无奈地说："是啊！我见他贫病交加，却依旧赋诗写文，想帮衬他，却是有心无力。"

晁补之有些激动地说："世人都说他行为乖张、性格孤僻，哪里知道他才华横溢！他学知圣人之意，文有学者之风，如果有好时机，咱们还是要举荐履常。"

"不管如何，我们能在汴京聚首，便是身处斗室，也甘之如饴。记得元丰二年，无咎你赴京应举中第，当时我正在国子监教授任上，你我二人相识，切磋诗艺、品评天下事，那些日子真是令人欢愉。"回忆往昔，黄庭坚百感交集："还记得苏公的诗'不辞青春忽忽过，但恐欢意年年谢'。回忆往昔，真是万语千言也说不尽。现在我们一众友人能聚在汴京，也是人生一大幸事。"

2

苏轼自元丰八年自登州被召回京师，飞速擢

升。在他的举荐下，黄庭坚、张耒、晁补之三人都被授馆职。除陈师道外，苏门六君子中还有秦观与李廌（zhì，字方叔），六人中李廌年龄最小。秦观于元丰八年登第，任蔡州教授，此时尚不具备入馆的资格。

元祐三年礼部试，苏轼知贡举，黄庭坚是参详官。六君子中年龄最小的李廌应试。

"李兄大才，这次知贡举的主考官是苏学士，参详官又是黄鲁直，李兄快些备下酒宴，到时候我们来为李兄贺喜！"旁人纷纷提前恭喜李廌。

此次科举可谓天时地利人和，不用说苏门中人暗喜，便是李廌自己，也觉得中举是板上钉钉之事。

揭榜时，李廌竟然名落孙山。苏轼大惊，将李廌的试卷拿过来看，确实不在前列。

消息传出，人人大惊。

李廌跌跌撞撞地往家走。家中年老的乳母正翘首盼望，听到李廌未能中举的消息，不由得痛哭出声："你多年苦读，文章高于众人。此次科考主考官是苏学士，你都没能中举，以后哪里还有中举的机会？"

李廌更是痛苦万分，一夜无眠。第二天起床，李廌见乳母房间仍旧门窗紧锁，心中有一种不祥之感，撞门进去，发现乳母已自缢多时。

元丰年间，李廌曾赴黄州拜谒苏轼，苏轼一见李廌便认为他是个奇才，极为珍视这个弟子。李廌在苏轼门生中年龄最小，不光苏轼怜惜，年长的黄庭坚也对他呵护有加。李廌文章有许多过人之处，笔势翩翩，存有古风。此次科举，苏轼与黄庭坚共同参加礼部试的选拔工作，却无法提拔李廌于士林之中，两人深感沮丧。

"今年持橐佐春官，遂失此人难塞责。"苏轼借黄庭坚诗抒发自己的遗憾。

李廌离京之前，又去拜谒苏轼。苏轼听闻他乳母自缢之事，既担心他就此一蹶不振，又担心他家业贫寒无以为生。"你文章一向过人，笔势翩翩，像是出自古人手笔。此次没能提拔你于士林，真是太可惜了！"苏轼满是歉意。

李廌回道："是李廌自己学业不精，辜负学士厚望。"

苏轼摇摇头，又勉励他："来日方长，未来自是可期。"

苏轼带李廌来后院，指着一匹骏马说："老夫刚刚得到一匹天厩马，宝马赠名士，你既要离开京城，老夫便将这匹天厩马送给你。"

李廌尚未开口，苏轼已将马券塞入他手中。李廌眼中一热，苏轼墨宝千金难求，有此马券，此马价增十倍。

黄庭坚也忧心李廌贫困无依，担心他将来卖马时会遭受别人的白眼与非议，特意为马券做跋。

师长、同门的拳拳情意，都在这马券与跋文中。

3

这一年令苏轼烦心的事情不止于此。

秦观被苏轼与诸人联名举荐，应贤良试。此时，以程颐兄弟为代表的洛党与以苏轼为代表的蜀党正在交恶，相互攻讦。秦观因此被诬陷了罪名，虽然最终被证明完全是无中生有，秦观也只能托病辞官，回到原籍。

看着被诬陷的秦观，苏轼仿佛看见当年被新党诬陷趁丁忧贩卖私盐的自己。党争不止，何日是尽头？

元祐五年，秦观受范纯仁、蔡肇举荐，得到了馆职。元祐六年六月，改迁秘书省正字。两个月后，又因政治风波被罢免。

六君子因仰慕苏轼之人、之文而拜于苏轼门下。才华横溢、文风各异的六位文士形成了这个文学集团，又因文学成就而被冠以"君子"称号。哲宗亲政后，六君子因与苏轼的特殊关系，历经坎坷。但纵然六君子远贬荒蛮，相去万余里，彼此间的诗词唱和、同气相求，成为贬谪生涯中的精神支柱。

诚如苏轼所言，六君子"不有益于今，必有觉于后，决不碌碌与草木同腐也"。

贬谪惠州

1

从英州到惠州，苏轼一行足足走了半年。

高太后去世后，哲宗亲政，重新重用新党人物，元祐旧党被一一贬谪。苏轼本已自请外任定州，却遭遇一贬再贬，从正六品的英州知州降为宁远军节度副使，惠州安置，不得签书公事。此时，苏轼已六十岁。不同于当年被贬黄州时全家人一同迁徙，此次贬谪惠州，除了两名侍女，只有小儿子苏过与侍妾朝云跟随。

到惠州时，已是深秋。岭南的气候远比北地温润宜人，虽是深秋，却毫无肃杀之景色，暖风熏

惠州百姓在码头迎接苏轼。

人，远望江水碧波荡漾。

舟还没靠岸，朝云就看见岸边拥挤着数不清的人，惊奇地问："今天莫不是什么节庆？怎么江边这么多人等着渡舟？"

苏轼细看，岸上的男女老幼比肩接踵，把合江渡围得水泄不通，正心生疑惑，却听见人群中传来一句："舟中可是苏学士？"虽说的是官话，却带着浓重的岭南尾音。

"正是老夫。"苏轼含笑点头，原来这些父老乡亲齐聚码头，是为了迎接自己。

码头上的人们发出了兴奋的呼喊，让那一江秋水都起了波澜。

2

苏轼寓住在合江楼。合江楼本是东江与西枝江合流处的一处江楼，按理来说，身为贬官的苏轼没有资格住在合江楼，但是惠州知州詹范素来敬仰苏轼，便特意安排他们一家入住。

惠州虽地处偏远，却山川秀美，民风淳朴，苏轼住了半年，逐渐习惯南国风物。

初春时候，苏轼倚窗向外看去，宝巾花四季常开，终年不凋谢，沿墙攀缘，真是繁花似锦。他心想："便是岭南有万般凶险，却终日鲜花不谢。"但一想到昨日听到的消息，脸色逐渐暗淡下来。

友人告诉苏轼，程之才已到广州，不日便要前来惠州巡查。听到消息的苏轼，在江边走了许久，千般往事涌上心头……

那是许久以前的事了，苏轼在心头默默回忆，不知不觉已经过了四十多年。

那时苏轼还是少年，唯一的姐姐苏八娘嫁给舅舅的儿子程之才，表兄就成了姐夫。苏轼还记得那日婚宴的热闹，眉州乡亲谁不交口称赞这桩亲上加亲的婚事？

谁也想不到，八娘结婚后没有得到公婆善待。不久后，八娘便有了身孕，几个月后，八娘诞下一子与身染沉疴的消息同时传来，苏轼兄弟前去程家探望，看见姐姐虚弱得话也说不出来。而程家人对八娘漠不关心，甚至连大夫也没请。

苏洵心痛不已，将爱女接回家中调养身体。回到娘家的八娘在父母弟弟的爱护下，身体逐渐好转，刚出生不久的小儿每日咿咿呀呀很是可爱，八娘的笑容也一日多过一日。不料八娘的身体刚有起色，程家人便以"不归觐"为由，来苏家夺走了八娘的孩子。八娘是新产妇，又患病未痊愈，身体本就虚弱，遭夫家横加指责后又失去儿子，痛不欲生。虽有大夫医治，八娘的病势却急转直下，含恨而终。

八娘死后，苏程两家自此绝交。

江边的柳絮飘飞，迷住了苏轼的眼睛。苏轼举起袖子，拭去满腮的眼泪。

我刚到惠州半载，朝廷便任命程之才为广南东路提点刑狱公事，怎么会如此巧合？难道真如旁人所说，是当朝宰相章子厚知道我苏程两家有宿怨，便想借他之手处理我老东坡？是了，当年谢景仁诬陷我趁丁忧回蜀之际贩卖私盐，作证污我清白的，不也有这位程家表兄？

月亮自江边升起，撒下满江清辉。苏轼叹了口气，往回走时，惊起一行白鹭。

3

程乡县令侯晋叔来惠州探访苏轼，带来一壶酒。"苏公，来尝尝我们程乡的酒，看比不比得过您自酿的罗浮春！"

苏轼哈哈大笑。先前他自酿罗浮春，多饮了几杯后便醉卧松石上，今日侯晋叔提及此事，不由开怀一笑。

"苏公，我此番是要前去广州。"侯晋叔笑着说。

苏轼心里一动，但还是有些犹豫。苏程两家经年恩怨，而且自己现在是个贬谪之臣，他不清楚这位程家表兄是否会接受自己的问候。

十日后侯晋叔自广州返回，带来故人的问候。程之才感念苏轼的记挂，愿与苏轼相见。

既是情理之中，也是意料之外，苏轼欣喜万分，立即修书一封寄给程之才，请他来惠州相见。

程之才结束番禺按察前来惠州探望时，已是三月初。苏轼让苏过坐船去迎接程之才，见面时，苏轼与程之才对望许久，四十多年的纠葛过往，彼此都不知从何说起。

苏轼看见程之才身边还有一位少年,有点诧异。程之才指着少年说:"这是我家十郎。"少年向苏轼拜了一拜,叫了一声"表叔",苏轼胸中一热,明白了程之才的用意:自父辈结怨以来,苏程两家两代人已经四十多年不曾来往,仇怨应当终了,下辈人应该有往来,化解先前的恩恩怨怨。

筵席上,苏轼与程之才饮酒叙旧。

"我晚年窜逐海上,想不到能与老兄重逢。"苏轼喟叹,"古人以三十年为一世,我们老兄弟已四十多年没见过了。回想起来,怎不令人唏嘘?"

程之才已有些醉意,说道:"子瞻,记得二十余年前,我在席间听人唱你的《醉落魄》,其中'家在西南,长作东南别'一句,我至今不忘。如今我已逾花甲,想起前事,真是恍如梦中。"

苏轼也感慨万千:"这是我在杭州任上所作,没想到老兄居然还记得。"

苏轼沉吟了一下,又说道:"昔年我在杭州,正逢江南连绵秋雨,百姓本就遭殃,而新政只要钱不要粮,许多农民不得已贩卖耕牛,或者去城里乞讨。现在惠州粮食丰收,米价大跌,官府收税只要银钱，农民没有办法，只得低价卖米。想来整个岭南都是这种情形。老兄，米贱伤农啊。前几日我已向惠州知州詹范提过建议，今朝得见老兄，也望老兄向朝廷汇报此事，允许农民自行选择交粮还是交钱银。"

程之才见苏轼已被贬岭南，还有兼济天下的志向，心中感佩，慨然说道："我会向朝廷禀报。"

苏轼举起酒杯，表示感谢，又说："还得谢谢老兄所赠的奇珍之物。"

程之才笑着摇头，说道："不过是小小蜂蜜等物，不值一提。子瞻，我记得你小时候便好吃，如今来到岭南，鲜果到处都是，'日啖荔枝三百颗'也不在话下吧？"

苏轼将程之才父子一直送到博罗，约好下次来惠州时，同游罗浮山。

不久后苏轼收到程之才来信，说米贱伤农之事已上奏朝廷，朝廷已恩准奏议。随信又寄来了蜂蜜与肉苁蓉。

苏轼提笔拟完回信，正嗅到窗外姜花的香，一时心动，伫立窗前。这样的夜晚，他有心喝上一盏罗浮春。

4

绍圣三年（1096），苏轼在惠州城西郊的白鹤峰买地建房。

这几年他为住宅伤透了脑筋：刚来时寓居合江楼，不久后迁入嘉祐寺；第二年重回合江楼，只一年余，又搬回嘉祐寺。合江楼与嘉祐寺一处在西枝江东，一处在西枝江西，苏轼想到日日江东复江西便心生疲惫。考虑到自己年事已高，且遇赦北归无望，便用积蓄在白鹤峰附近买地建房，以便安顿晚年，少些奔波。

房屋建好以后，朋友们纷纷来祝贺，夸白鹤峰清幽宜人，却担忧饮水困难。若真在此处居住，需要有人日日上山抬回泉水饮用。

"不要担心，"苏轼胸有成竹地说，"我已经雇人凿井，必得甘泉。"

朋友们不理解他为何如此笃定，苏轼手指不远处的酒肆，笑道："我天天来林婆这里饮酒，林婆家后院便有一口水井，酿出的酒醇厚甘甜。我在附近凿井，怎么会得不到甘泉？"谈笑间，一行人来到林婆酒肆。

林婆也叫林行婆，她一见苏轼，便说："学士定是来尝老婆子新酿的桂酒。"这几年岭南遇丰年米价贱，林婆酿酒所费的钱较少，所以可以赊账。苏轼每日来这里建房子，总来她家喝上两盏酒。

苏轼见酒水澄澈金黄，不由欢喜地说："我来惠州后，最喜欢饮惠州民间的自酿酒。若只能买官酒，哪里吃得起？"

白鹤峰在惠州城西郊，新居落成后朋友们前来相贺，各自带着自家酿的酒。客堂取名为德有邻堂，出自孔夫子《论语》中的"德不孤，必有邻"；书屋叫"思无邪斋"，出处也是《论语》："诗三百，一言以蔽之，思无邪。"

"为筑白鹤堂，老夫已家财散尽。各位朋友知道我俸禄微薄，便各自带佳酿前来。既然如此，今天便不醉不归！"三盏淡酒饮过，苏轼满面红光，"好在我的长子苏迈要来广东任职，明年二月便能来惠州。我这一生漂泊不定，晚年能与儿孙团聚，也算一大幸事啊。"苏迈本在朝廷任官，母亲王闰之去世之后在家丁忧三载，待服丧期满，便向吏部请求来广东任官，想能时常探望父亲。

翟逢享素有德行，被惠州百姓称为"翟夫子"，与苏轼比邻而居。听到苏轼这番话，翟逢享举杯说："翟某能与苏学士为邻，三生有幸，当自饮一大杯。"

苏轼说："老夫来惠州，先与邓道士这样的高士为友，又遇到翟夫子与林行婆这样的邻居，也算是晚年有福。"

邓守安连连揖手："蒙承学士抬爱，在下只是罗浮山中的一个道士，岂是高人？若不是学士仗义疏财，西枝江上哪来的浮桥？不然惠州百姓至今还要坐船渡江！"

"如果没有你的鼎力相助，惠州浮桥又如何建得起来？邓道士当是一大功。"苏轼称赞道，又略带落寞地说："可惜正辅兄回了汴京，桥成之日没能亲眼看见，真是可惜。"

惠州依山傍水，府城与县城被西枝江隔断，

可谓是"一水隔天涯"。江上曾筑有木桥，年久失修后，废弃不用，来往行人只得坐船渡江。这些年来，行人因拥挤或不慎而落水的消息不绝于耳。苏轼请求程之才造桥，得到程之才的帮助筹措资金，然而桥造到一半，资金便已消耗殆尽。面对一筹莫展的邓道士等人，苏轼不仅捐出先前皇帝御赐的犀带，还写信向亲友求援，苏辙因此捐出朝廷所赐的黄金。落魄中的苏学士有如此善举，惠州人得知后无不感佩，纷纷解囊，短时间便凑齐了造桥款项，建成浮桥，结束了惠州人过西枝江需要坐船的历史。

5

苏轼卜居白鹤峰，友人不时来访，每每乘兴而来，酩酊而归。

有一天，苏轼朦胧中听见有人叩门，家人睡得正沉，苏轼便起来开门，却是邓守安道士。

"学士，新桥已落成，我又遇到一位善酿酒的道友，很是兴奋，所以深夜来打扰。"月色如霜，邓道士像是披上了一身雪衣。他身后站着一位高大矍铄的道士，披着满身桄榔叶，丰神如玉，手里拿着一斗酒，对苏轼说："学士可愿意尝尝我自酿的真一酒？"

苏轼见道人高大伟岸，恍若真人吕洞宾，立刻心生欢喜："快请快请，老夫今夜有幸！"

所谓真一酒，不过是米、麦、水合一，苏轼觉得像是当年自己在黄州所酿的蜜酒。与黄州不同，惠州不禁止民众私下酿酒，所以百姓酿酒成风；并且惠州地处南国，花果繁茂，所以酒的种类也多。糯米酿成罗浮春，桂圆酿成桂酒，荔枝酿成的酒呈浅紫色，被苏轼戏称为"紫罗衣酒"。

趁月饮酒，好不自在。苏轼自酿的万家春还飘着酒粕，掺来与真一酒同饮，几个人都酩酊大醉。

"老夫酒量并不大，但一日不饮酒，总觉得浑身不自在，真不可一日无酒。"

惠州的绝妙处，那些待在北方的人哪里知晓？酒酿成玉色，香味超然，携酒游白水山林，何等惬意。更有那满树枝头点缀着荔枝，像是芡实，鲈鱼、枇杷、槐叶，都滋味鲜美。

6

惠州的春天确实美。苏轼坐在合江楼上远眺，长羽鸟儿低飞，伴着春江水声吟唱，格外缱绻动人。四季流转中，唯独此季最令人留恋，草木生机勃勃，便纵是枯木之心，也会重新抽出嫩绿枝芽，难怪古人总是吟唱春天。

苏轼忽忆起某年的春天，似乎是他在杭州，又或许是在汴京——他已经记不真切了，就像他也不记得自己从什么时候开始健忘。他只记得那时也如今朝一般花开烂漫，有海棠、芍药和灼人眼的杜鹃，暖风中飘着絮絮柳绵。他在路边漫步，忽然听见高墙内有女儿家笑语嫣然，似是几个女子在秋千架旁嬉闹。

里面的佳人定然与春光一样鲜妍明媚啊！苏轼这样想着，一时竟驻足不前，在墙边微笑着聆听里面的笑语。

不久，墙内秋千架旁的佳人们散了去，只有他一人伫立在墙外。

他在春天里怅然若失，讪笑着缓缓走开，迎着满城风絮，拟一阕《蝶恋花》：

> 花褪残红青杏小。燕子飞时，绿水人家绕。枝上柳绵吹又少。天涯何处无芳草。
> 墙里秋千墙外道。墙外行人，墙里佳人笑。笑渐不闻声渐悄。多情却被无情恼。

想起当年的诗句，苏轼不禁哑然失笑，人生惯是如此啊。他一时兴起，便让一旁的朝云唱这阕《蝶恋花》。

朝云歌喉婉转似画眉鸟。无数个春日，她总是这般与苏轼观春景，至雅兴处，她就唱一阕苏轼填的词。到惠州以后，朝云却还没开嗓唱过。

朝云站起来，缓缓唱道："花褪残红青杏小。燕子飞时，绿水人家绕……"词未尽，竟已泣涕如雨，无法再唱下去。

苏轼吃惊地拥住朝云，连声问怎么回事。

朝云啜泣："朝云之所以不能唱完这阕词，是因为'天涯何处无芳草'一句而感伤。"

苏轼知道是何事惹她啜泣。他被贬黄州做团练副使时，朝云曾生有一子，取名苏遁。那时苏轼已经四十九岁，老来得子，对幼子的爱溢于言表，小儿三天受洗的时候，苏轼还作了《洗儿》一诗，诉说对这个儿子的爱与期待：

人皆养子望聪明，我被聪明误一生。
惟愿我儿愚且鲁，无灾无难到公卿。

老来得子，是苏轼贬谪生涯中为数不多的一抹亮色。但这个备受宠爱的儿子并没有像苏轼期待地那样长大。苏遁未满一岁，苏轼便接到圣旨，量移汝州团练副使，居家迁徙中，苏遁在路上中暑，夭折在朝云的怀中。而一路颠沛流离，朝云病痛不断，身体一日不如一日。

7

岭南的夏天是最难熬的季节。高温酷暑，瘴气熏人，瘟疫在惠州城中流行。

朝云已经因病卧床好久了。她多年信佛，来惠州后拜入当地名僧门下，成为俗家弟子。但参禅念佛，并未使她痊愈。

苏轼忧心如焚，四处寻医问药，祈求朝云能够尽快好起来。无数郎中看过、无数汤剂服下，朝云并没有好转。

病榻中的朝云，容颜不复素日的娇美，眼神黯然。"我的病怕是好不了了，"朝云的声音已经虚弱到听不见，"此生能陪学士左右，朝云已无憾。……我死后，有件事你要答应我，一定要将我葬在栖禅寺的松林中……"

苏轼大恸，须发满是泪水。

"一切有为法，如梦幻泡影，如露亦如电，应作如是观……"朝云的声音越来越小，最后什么也听不见了……

绍圣三年（1096）夏天，苏轼依照朝云遗愿，将其葬于栖禅寺的松林中。栖禅寺在惠州西湖南畔，松林葱郁静谧。苏轼亲笔为朝云题写了墓志铭：

浮屠是瞻，伽蓝是依。如汝宿心，惟佛
是归。

　　朝云下葬后的第三天，惠州城下了一场暴雨，
狂风呼啸，几乎要将盛夏的树木连根拔起。

　　苏轼担心朝云墓被这场狂风暴雨摧毁，彻夜未
眠，待雨停后，便立刻叫上苏过，前去探看。

　　雨后的竹林青翠欲滴，看不出昨夜的风雨痕
迹。两人走到朝云墓前，见一切无恙，唯独墓的东
南侧有五个硕大的脚印。

　　"父亲您看！这是谁留下的足迹？"苏过很是
诧异。

　　苏轼也怔住了。他围着五个脚印看了又看，忽
然醍醐灌顶，脱口道："她笃信佛教，临终还口诵
《金刚经》，必然是佛祖显灵了。惠州城树木尽被
风雨摧折，而朝云墓竟然完好如初，必然是佛祖怜
她命薄如纸，来庇佑她。"

　　苏轼设道场进行祭奠，写下《惠州荐朝云
疏》。朝云墓由栖禅寺僧人筑亭覆盖，因朝云临终
时口诵《金刚经》中的"六如偈"，此亭取名六如

亭。亭边有苏轼拟的楹联：

　　　　不合时宜，惟有朝云能识我；

　　　　独弹古调，每逢暮雨倍思卿。

　　自朝云走后，苏轼经常想起她生前爱念的《金刚经》偈子，回忆往昔，竟不知是梦是幻，今夕何夕。

我本海南民

1

绍圣四年（1097）夏。

月似弯钩，星若珠串，映照得海上像是撒了一地碎银。忽然一阵风浪，站在船头的苏轼一下没有站稳，差点儿摔倒。

站在旁边的三子苏过赶忙伸手搀扶，叮嘱父亲进舱休息。

"原以为再次渡海便是北归之时，不料谪居惠州三年后，又被贬去更远的儋州。"苏轼声音疲惫而消沉。他本以为此生会终老于惠州，便倾尽家资在白鹤峰买地建房。而朝廷又下旨，令苏轼去儋州任琼州别驾，昌化军安置，不得签书公事。"我晚年颠沛流离，苦了你们几个孩子。你长兄今年二月才携家眷来惠州，三月便被罢免了仁化县令一职。本想着他虽然失官，但一家人总是能团聚在一起，岂料两个月后我再接圣旨，被贬儋州。我已老朽年迈，倒是你们，大好年华本该做一番事业，却接二连三被为父连累。"

说到此处，苏轼沉痛不已："我平生没做什么罪恶之事，却已是元祐罪人。人人都说我苏轼聪明无双，我这一生偏偏就是被聪明所累。此生唯愿你们被别人说成是毫无能力的平庸之辈，平庸才能避祸，才不至于落入与我一样的田地……"

"父亲身体不好，儿子自当时时跟随。孝为人之本，哪里有什么苦？只是那儋州远在天涯海角，历来是瘴疠交攻的地方。儿子不觉得苦，只担心父亲的身体。"苏过低沉地说。

"朝堂中人将我置于儋州，便是不打算让我活着回汴京城了。"苏轼说。

苏过想起长兄苏迈及家人在惠州江边送行时，父亲告诉长兄，让他为自己准备一口棺材，以备自己垂老之用。家人在岸边痛哭失声，泪满衣襟。花甲之年出海，有几人能平安回来？

苏过沉默了一会儿，说："记得很久之前就听您说过，您和当今宰相章子厚是好友。乌台诗案时，他也曾奋力营救。"

"是啊！我与他曾交好。昔年我在凤翔任通判，章子厚任商州令，我们常有往来。往事一过四十载，却仍历历在目。"苏轼喃喃道，记起曾与章惇同游南山时的事。

两岸峭壁耸立，前方只有一根横木搭成的独木桥，苏轼怕摔下万丈深渊，不愿前进。而章惇找来绳子，一头拴在自己身上，一头拴在树上，侧身便过了桥，过桥后执笔在石壁上写下"章惇苏轼来游"几个字。苏轼惊恐万状，却见他神色不改，不由脱口而出："你如此胆大，必能杀人！"章惇大笑。

苏轼感慨："子厚绝非奸邪之人，我在内心中仍拿他当旧日老友，而他，怕是已经不认我这个朋友了。"

"坊间流传，他在汴京读到父亲在惠州作

的《纵笔》一诗，不满'报道先生春睡美，道人轻打五更钟'一句，笑着说'苏子瞻竟然如此快活'，于是便将父亲贬至更远的儋州。不光如此，叔父也被贬到雷州。据说是因为父亲字子瞻，与儋字相似；叔父字子由，由与雷都有个田字。可谓是……"

苏轼不待苏过说完，就匆匆打断他的话："坊间传言不可信，不要再说了。"

天已渐亮，已能在海平面上看见一抹霞光。苏轼拍拍苏过："走吧，我们都回舱休息，还有很远的路要赶。"

苏轼在船中闭目龟息，这是他的养生之道。虽是闭目不语，心中却满是心事。

儋州是什么样子，未到之前，苏轼也不知道。他听人说，儋州极其炎热，比惠州有过之而无不及，而海风吹来却彻骨阴寒，山林中满是参天树木，裹着无尽的雨雾，若将瘴气吸入胸腹中，很难活命。

他还知晓唐代宰相李德裕曾被贬海南，随后死于此地。当朝党争相比唐朝，毫不逊色。自新党人物执政，元祐旧党人物被尽数革职、贬谪，就连去世的宰相司马光等人，居然也遭到官职被追夺、墓碑被铲的报复。

我怕是也要和前朝宰相一样，死于此地了。苏轼这样想着。

2

儋州的雨下个不停，一连几个月都是这般烟雨朦胧的景象。蛇鼠在地上随处穿梭，瘴气在林中蔓延。

苏轼见屋中漏雨，叫苏过补瓦。苏轼父子在儋州没有房子，只得借居在昌化军一间官舍中。官舍小而破，风雨袭来时，屋子便漏雨。

儋州的情况远比想象中更坏。苏轼说儋州的生活是"六无"——食无肉、病无药、居无室、出无友、冬无炭、夏无寒泉。苏轼与苏过二人，刚到儋州时相对如苦行僧。

"此处可是苏学士家？"有人叩门，说着一口官话。

来客长得高大方正，递过一封信，言语甚是尊敬："在下是新任昌化军使张中，听闻苏学士在儋州，特来拜谒。"

苏轼打开信一看，是老朋友张逢寄来的。

张中是北方人，曾中过进士，一直对苏轼仰慕有加，又见苏轼所借居的昌化军官舍早已破败不堪，很是怜悯，赶紧派人来修葺。

苏轼在儋州的第一年，便是在这间小小官舍中度过的。

苏轼父子先前的积蓄在惠州时都已用于置业，为维持生计，来儋州后不得已将自家带来的酒器一一变卖，唯独一只制作精巧的荷叶杯舍不得卖，苏轼留以自娱。

军使张中常与苏轼父子往来，或邀他们同儋州士子一起出游，访问黎族人家；或宴请苏轼父子……成为他们贫乏生活中的一抹亮色。

惠州已是岭南，风物不比别处，而儋州更是另有一番风味，满山遍野的鲜花怒放，木棉花刚落，刺桐花便开了。

海边风大，苏轼拄杖行走，遇到一个从黎山入城卖柴的樵夫。他对着苏轼说了几句话，苏轼虽不通黎语，却上前与他比画着。

樵夫指着苏轼的帽子，笑出声来。

苏轼知道樵夫与儋州大多数百姓一样，平生不读诗书，见到读书人的穿着，难免觉得可笑。苏轼笑着说："你觉得老夫滑稽？"

樵夫转而说汉语，说得不太流利，一字一顿："你是中原来的贵人，遭了难才来我们这里。"叹息了几声，从背篓里取出一块吉贝布塞到苏轼手里，又用手指指苏轼身上的单衣。

苏轼几乎要落下泪来，樵夫也是生活拮据之人，却担心一个中原来的老人受海风之寒，以布相赠。元祐年间苏轼在汴京时，往来朋友所赠的那些奇珍，价值比吉贝布何止高千倍百倍？而在这一刻，苏轼觉得手中的吉贝布舒适柔软，温暖了渐已灰冷之心。

当地的黎族人都是这般淳朴善良，见苏轼物资贫乏，便送来许多芋头，同时也送来些熏黑肉脯。苏轼问他们这是何物，回答说是熏鼠与蝙蝠，东坡惊讶不已。当地人都说滋味十分鲜美，邀请他尝一尝。东坡一生喜好美食佳酿，此刻面对这些熏肉，却万般踌躇，终究不敢尝试。

苏轼喜欢他们的毫无机心，拿他们当朋友交往，但他们的贫困与蒙昧却令苏轼忧心：穿的衣服是绩木皮制成的，此类衣服毫不耐寒，冬天海风吹来，阴冷无比；若不幸生病，没有药品，只杀犬杀羊来祭祀，求神灵保佑自己健康。苏轼年老多病，常央求居住大陆的亲友寄药品过来，但见当地人缺医少药，又将得来不易的药品送给那些得病的人。

3

苏轼想在儋州办学。

儋州城自然也有些士人。住在城东南的黎子云兄弟，家贫而好学，常向苏轼请益。苏轼与他们时常往来，时不时便拄着拐杖去黎家做客。农家只有些淡饭粗茶，水果却是极好的，荔枝鲜美、黄柑

苏轼在儋州讲学。

芬芳，再喝几口黎家自酿的椰子酒，不几时便半醉半醒，回家时已星月在天，黎家的几个小童口吹葱叶，将坡翁送到村口。酒后的东坡鹤发朱颜，与黎家小童一路笑闹，已忘却自己在天涯万里之遥。

黎子云的旧宅在竹林深处，边上还有一个大水池，水木幽茂，颇为古雅清幽。军使张中第一次带苏轼前来时，便提出不如大家凑钱建屋，让苏轼在此讲学。苏轼欣然同意，还为此屋取名为"载酒堂"。

然而在儋州，苏轼虽有官职，却不能谋事，也无法开办官学。苏轼与士人往来频繁，凡是有士人求学问道，苏轼一一悉心作答。

听闻苏轼在儋州，不仅儋州士人为之一喜，也有许多别处的人来儋州求教。琼州士人姜唐佐便是其中之一，他日日跟随苏轼读书，学写文章。更有江阴人葛延之跋涉万里，渡海而来，向苏轼求教文章、书法之道。

4

元符元年（1098）四月，广西察访使董必前来海南，调查中得知贬官苏轼寄住官舍，且军使张中用公款替苏轼修葺房屋，当即革了张中的职，将苏轼父子逐出官舍。

惭愧与焦虑交织在一起，侵袭着苏轼。苏轼不知该如何面对张中。

张中却不以为意，光明坦荡："能与学士相识一场，张某三生有幸。虽因此失官，却从不后悔。"

苏轼深感无以为报，只能写诗相赠。

张中走后，自己不仅少了一位知心朋友，且又落入无处可居的田地。

载酒堂尚未建成，此时苏轼父子已囊中一空，困厄至极，只得在桄榔林中筑几间土屋。如此简陋的房屋，苏轼也无力支付劳费。幸好十余名学生协助苏轼父子，躬身泥水之中；张中也叫上些黎族百姓，为苏轼搭建新屋助一臂之力。

新建成的土屋被一片桄榔林围绕，苏轼取名为"桄榔庵"。

罢任的张中就要离开海南，桄榔庵中，苏轼请张中喝一杯水酒，写诗相赠："恐无再见日，笑谈来生因。"

"老夫年少参禅时，并不相信三世之说，现在却盼望人有来生，还可以见到这一世的有情之人。"苏轼握着张中的手，泪光闪烁。

张中也动情地说："张某年少时便久仰学士大名，在儋州跟随学士这么久，此生足矣。"仰头饮下水酒。

席间有学生唱起苏轼的《临江仙》：

> 一别都门三改火，天涯踏尽红尘。依然一笑作春温。无波真古井，有节是秋筠。 惆怅孤帆连夜发，送行淡月微云。尊前不用翠眉颦。人生如逆旅，我亦是行人。

"人生如逆旅，你我都是行人。"苏轼长叹。

学生姜唐佐也举酒辞别，说自己要离开儋州，回琼州准备参加科举考试。

苏轼精神为之一振，说道："老夫初见你，便觉得你有中州士子的气度。此次定能高中！"虽已微醺，苏轼仍旧提笔连书柳宗元《读书》《饮酒》两诗相赠，并自拟一诗赠姜唐佐。

众人围过来读苏轼自拟诗，看见只有"沧海何曾断地脉，白袍从此破天荒"两句，大惑不解。姜唐佐也疑惑地问："老师为何只题两句？"

苏轼笑道："待你登科高中之后，我再来补齐剩下的诗句。"

5

近来苏轼总梦见少年时候的事情。

昨天他梦见了幼年的授业恩师、眉山道士张易简，还是像五十多年前那样，在天庆观北极院，张道长教他背《道德经》："玄而又玄，众妙之门……"又梦见母亲程夫人教他和弟弟读《后汉书》中的《范滂传》，程夫人说："母亲希望你如范滂一样，做一个刚正之人。"

苏轼醒来惆怅很久，故乡啊故乡，这辈子怕是回不去了。旧友亲朋多已谢世，除子嗣外，亲人只剩弟弟苏辙了。

还记得在雷州分别时的场景。苏辙目送兄长登船，看见眼前的茫茫大海一望无际，好似莫测的命运，不禁老泪纵横。

苏轼已登船，忽又笑着对苏辙道："这难道就是孔子说的'道不行，乘桴浮于海'么？"

那一刻，他是在苦中作乐。他知道，便是弟弟苏辙，此生也怕是无法再见了。

桄榔林中漫步的苏轼回想与弟弟相处的时光，听耳边棕榈叶沙沙作响，不由有些落寞。

我在儋州，虽贫病交加，却品尝了鲜美的牡蛎与诸多海货，味道鲜美至极，吃了之后，简直怕北方人知道，纷纷都要学我苏轼，被贬到儋州呢！在给苏辙的信中，苏轼这样说。

不久后便收到苏辙的回信，苏轼看信时先是不可思议地睁大了眼睛，良久后落下泪来，泪水打湿了信纸，晕染了信中的"巢谷"二字。

苏轼与巢谷黄州一别之后，已有十余年不曾相见。元祐时期苏氏兄弟春风得意、高朋满座之时，曾经找过巢谷，他却似世外高人，隐藏于人海。如今苏氏兄弟被贬，巢谷却又出现了。

巢谷听说苏轼兄弟被贬岭南，在眉山公开说要徒步去寻访这对故人。眉州人见七十三岁的老翁竟然有此妄念，纷纷嗤笑他的癫狂。故乡人想不到，被贬的苏氏兄弟也想不到，巢谷竟真的一路从四川走到岭南。元符二年（1099）正月，巢谷已到梅州。他写信给雷州的苏辙，告知自己已经来到岭南，几天后便能相见。

当苏辙收到这封从梅州寄来的信时，简直不敢相信自己的眼睛。

十余日后苏辙在渡口接到了巢谷。十几年后重逢，怎不百感交集？两人握手痛哭，久久不愿分开。这次一见面，苏辙有些担忧，因为七十三岁高龄的巢谷已经不是苏氏兄弟记忆中那个孔武有力的巢谷，而是一位瘦削病弱的老人。

在雷州居住的一个多月时间中，苏辙带巢谷游览了雷州的山水佳处，并数次劝告巢谷，让他打消去儋州的念头。

"元修兄，这里去儋州还有千里之遥，而且要渡海，路程十分艰险，绝不是一位古稀老人所能承受的。"巢谷要离开雷州的前一日，苏辙与巢谷在山中漫步，依旧苦苦相劝。

巢谷微笑着说："我知道自己已不是当年那个

巢元修。我从眉州来岭南，就是要见见你兄弟二人，见到子瞻，才算心愿已了，死而无憾。"

苏辙劝阻不成，看他所带盘缠已所剩无多，只能凑了些钱给巢谷，充作路费。

天意弄人。巢谷一路乘船赶往儋州，船到新会时，随身钱财被一个贼人偷走。贼人一路奔逃，在新州被抓获。巢谷闻讯后，随即赶往新州，因年老体弱又急火攻心，终究病死在异乡新州。

消息传来，苏辙痛哭失声，他恨自己没能留住巢谷。

合上信许久，苏轼依旧泪落如雨。

如今元祐党人被当朝掌权派视为仇寇，自己与弟弟一贬再贬，许多朋友已久不联络，巢谷却愿意万里跋涉前来岭南看望。泪眼朦胧中，苏轼想起自己在密州、杭州时，用巢谷的圣散子药方救活了无数被瘟疫折磨的百姓。黄州分别时，自己曾对着滔滔江水发誓永不外泄此药方，巢谷一定不知道自己食言了。

他喃喃自语："元修兄，我还没来得及告诉

你，你的药方救活了一城又一城的百姓。我暮年来儋州，怕是要老死于此了，可惜你没能来到儋州，否则我一定要带你看看儋州的山水和黎人百姓。京城的士大夫都觉得我在这里苦不堪言，而我，只当儋州是我的故乡。"

是啊！汴京城中的士大夫们无论如何也想不到，昔日的苏学士已经成为儋州野老，闲来无事时与二三友邻饮茶谈天，笑言来年的好收成，常饮醇美甘甜的椰浆与椰子酒，还用椰子壳制成帽子。每逢雨季来临，苏轼戴着竹笠穿着木屐，活脱脱就是一个海南老汉的模样。

> 我本海南民，寄生西蜀州。
>
> 忽然跨海去，譬如事远游。
>
> 平生生死梦，三者无优劣。
>
> 知君不再见，欲去且少留。

这三年来，京城中的人都以为苏轼在这个荒蛮瘴沼之地会痛不欲生。他们不知道，这是苏轼一生中永难忘怀的时光。

北归

1

北归，北归……苏轼在梦中想了许多次，也曾无数次在与亲友的信中言说自己的"痴心妄想"。而今真在北归途中，却恍若隔世。

元符三年（1100）正月十二日，哲宗驾崩，皇位由弟弟赵佶接替，是为徽宗。徽宗继位之初，执政的是神宗妻子向太后。向太后与宰相章惇关系不和睦，大赦天下时，元祐旧党人亦在大赦名单中。

二月，苏轼以琼州别驾徙廉州安置，不得签书公事；四月，迁舒州团练副使，永州居住。而苏辙也遇赦，自请颍昌居住。

苏学士遇赦北归的消息传得飞快，沿岸的人们闻说大名鼎鼎的苏学士要乘船路过，竞相观看，将码头围得水泄不通。

苏轼向来爱热闹，闲坐船舱中听见岸边人声鼎沸，便拄杖起身站到甲板上去看看发生了什么事。人们看见苏轼，大喊起来："是苏学士！"

微风掠过苏轼的须发，尽是斑白。苏轼想起三国时看杀卫玠的典故，不由哑然失笑："老夫已经行将就木，哪里有卫玠的貌美青春，怎么还有这么多人围观？"

船一路向北，不久就到了大庾岭。过了大庾岭，便出了岭南地界。

古往今来，有多少被贬岭南的人，都曾经过此处，宋之问来过，韩愈来过，李德裕来过……苏轼吟诵起七年前路过此处时写的诗：

> 一念失垢污，身心洞清净。
>
> 浩然天地间，惟我独也正。
>
> 今日岭上行，身世永相忘。
>
> 仙人拊我顶，结发授长生。

身世永相忘，忘却宦海浮沉，忘却营营机心。被贬岭南之初，苏轼本已存必死之心，然而得圣恩眷顾，终于遇赦北归。此时重过大庾岭，怎能不感慨万千？

苏轼等人在大庾岭找村店小憩。当地的一位老翁看见他们，上前探问："不知来者是何人？"

有人回复说是苏尚书，老者说："是苏子瞻吗？"便前来拜见苏轼，"老朽以前听闻有许多人千方百计地来岭南害您，没想到今日您能遇赦北归，真是上天保佑您这个好人！"

苏轼听后大笑，又题了一首诗在墙壁上：

鹤骨霜髯心已灰，青松夹道手亲栽。

问翁大庾岭头住，曾见南迁几个回？

2

北归的路途好漫长。苏轼常在诗中说自己老迈不堪，而行旅过程中，他才真真正正体会到了自己的老迈。

站在金山的画像前，苏轼恍如隔世。

"父亲，已经到金山了！"苏过指着江边一座翠峰说。

苏轼精神为之一振，金山上有座龙游寺，里面挂着自己多年前的一幅画像。当年在汴京时，朋友宾客往来酬唱甚欢，画家李公麟为自己绘有一幅写真，画的是自己酒后的意态，黄庭坚看见画中枯石上坐着的苏轼，盛赞不绝，以为神态酷似老师。

站在画像前，苏轼恍如隔世。元祐盛景不再，故人多已凋零，老来唯觉万念俱灰。

在金山的画像下，苏轼自题了一首诗：

心似已灰之木，身如不系之舟。

问汝平生功业，黄州惠州儋州。

平生三次被贬，累计近十一年。这首诗既是自嘲，也是自述。对官员苏轼来说，贬谪的经历无疑是宦海生涯中的沉重打击；而对文学家苏轼来说，贬谪的经历却成就了他的文章，千古不朽。

3

建中靖国元年（1101）六月，六十五岁的苏轼患上了痢疾。途径真州时，病重的苏轼在船舱中，几乎无法下床上岸。大约是预感到自己时日无多，苏轼给弟弟写了一封信，请弟弟将自己葬于嵩山之下，并为自己撰写墓志铭。

七月十八日，苏轼到达常州已半月余，身体每况愈下。

苏轼病中醒来，看见不仅三个儿子都在身边，还有六个孙儿陪伴。

子孙们见苏轼已病入膏肓，都痛哭失声。

苏轼却笑着说："我这一生没做过恶事，死后一定不会坠入阿鼻地狱。我死后，你们也不要哭泣，我并不愿意看见……"说完就昏睡过去了。

故人惟琳长老听说苏轼在常州，特地从杭州赶来叙旧，恰逢苏轼病中苏醒，却已下不了床。两人晚上对榻长谈，惟琳长老赠佛偈为苏轼祈福，苏轼作了人生中最后一首诗：

与君皆丙子，各已三万日。

一日一千偈，电往那容诘。

大患缘有身，无身则无疾。

平生笑罗什，神咒真浪出。

这世上哪里有什么神咒？高僧鸠摩罗什每日念诵千佛偈，这一举动只是可笑。生死有命，不是念诵佛偈可以改变的。

二十八日，六十五岁的苏轼已走到生命的尽头，病榻前围满了亲人故友。

惟琳长老在他耳边大呼："端明宜勿忘西方！"

众人的哭泣声中，苏轼的声音已经虚弱到听不清："我不知西方极乐世界有没有，但为之而倾力，非我所愿……"

好友钱济明听到苏轼此言，急忙大声道："先生您素日参禅学佛，此时应当倾力！"

苏轼似听见故人的话，喃喃留下人生中最后一句话："倾力即差……"

建中靖国元年（1101）七月二十八日，苏轼终老于常州藤花旧馆。

苏学士的死讯一传出，吴越一带的市民都悲痛于这颗启明星的坠落。

4

崇宁二年（1103）正月，苏辙在汝州遇到一位海南来的书生。

书生身穿白衣，向苏辙拜了一拜，自称是苏轼在儋州时的学生，名叫姜唐佐。他说临别时苏学士曾赠两句诗给他，说等他进士登科时再将诗补齐。如今自己果然成了儋州第一个举人，可惜苏学士已去世。

姜唐佐道："读小苏先生所作的《东坡先生墓志铭》，读到'公心如玉，焚而不灰'一句，不禁流下眼泪。学士暮年被贬到儋州，衣食都没有保障，却讲学明道。若无学士悉心指教，便没有今日的姜唐佐。"

苏辙见到兄长的海南弟子，举手投足间确有中州士人之风，再读到苏轼的两句遗诗，不由得心酸流泪，为姜唐佐补齐了这首诗：

> 生长茅间有异芳，风流樱下古诸姜。
>
> 适从琼管鱼龙窟，秀出羊城翰墨场。
>
> 沧海何曾断地脉，白袍端合破天荒。
>
> 锦衣它日千人看，始信东坡眼目长。

在苏轼去世后的三年中，儋州士人中不仅姜唐佐举乡贡，还有王霄、陈功、李迪、刘廷忻等举明经，杜介之举文学。大观三年（1109），儋州人符确成了海南历史上第一个进士。若没有当年苏轼的讲学明道，教化日兴，开启人文之盛，大约便不会出现儋州后世的文教盛景。

苏轼此生，既有高居朝堂、志得意满的风光，也有九死一生、孤悬海外的沉浮。若明月在天，其光曜曜，若江海奔流，波澜壮阔。斯人已逝，却永远在历史中闪耀，一个人却发出整个星河的光。

苏轼

生平简表

●◎宋仁宗景祐三年十二月十九日（1037年1月8日）

出生于四川眉山纱縠行。

●◎庆历三年（1043）

入天庆观，随道士张易简读书。

●◎至和元年（1054）

娶青神县王弗为妻。

◉◎嘉祐元年（1056）

应开封府试，榜出，名列第二。

◉◎嘉祐二年（1057）

应礼部试，名列第二。

三月，应殿试，进士及第。

四月七日，母亲程夫人病逝，回川丁忧。

◉◎嘉祐六年（1061）

八月参加制科考试，入三等；除大理评事，签书凤翔府判官。

作《和子由渑池怀旧》。

◉◎宋英宗治平二年（1065）

二月还朝，除判登闻鼓院，任职史馆。

五月妻子王弗去世。

◉◎治平三年（1066）

四月二十五日，父苏洵去世，苏轼兄弟回川丁忧。

●◎宋神宗熙宁元年（1068）

七月服满，十月，续娶青神县王闰之。

●◎熙宁四年（1071）

六月，苏轼自请外任；十一月二十八日，到杭州通判任。

●◎熙宁七年（1074）

九月移知密州，十二月三日到密州任。

●◎熙宁八年（1075）

作《江城子·乙卯正月二十日夜记梦》《江城子·密州出猎》。

●◎熙宁九年（1076）

九月，移知河中府；十二月离开密州。

作《水调歌头·明月几时有》。

● ◎熙宁十年（1077）

二月十二日改知徐州，四月到徐州任。

● ◎元丰二年（1079）

三月改知湖州，四月到湖州任。

乌台诗案案发，七月被捕，下台狱；十二月出狱，责授黄州团练副使，本州安置，不得签书公事。

● ◎元丰三年（1080）

二月到黄州任。作《卜算子·黄州定慧院寓居作》。

● ◎元丰四年（1081）

作《水龙吟·次韵章质夫杨花词》。

● ◎元丰五年（1082）

作《赤壁赋》《后赤壁赋》《念奴娇·赤壁怀古》《定风波·莫听穿林打叶声》《浣溪沙·游蕲水清泉寺》。

●◎元丰六年（1083）

作《临江仙·夜饮东坡醒复醉》《水调歌头·黄州快哉亭赠张偓佺》。

●◎元丰七年（1084）

移汝州团练副使；十月，扬州上表，乞常州居住。作《题西林壁》。

●◎元丰八年（1085）

五月，复朝奉郎，改知登州。

九月十八日，以朝奉郎除礼部郎中。

十月二十日，以礼部郎中召还。

十二月十八日，除起居舍人。

●◎宋哲宗元祐元年（1086）

三月十四日，免试为中书舍人；九月十二日，为翰林学士，知制诰。作《定风波·南海归赠王定国侍人寓娘》。

● ◎ 元祐四年（1089）

————————————————————————

三月，自请外任，知杭州。

● ◎ 元祐六年（1091）

————————————————————————

以翰林学士承旨召还；八月五日，以龙图阁学士知颍州。

● ◎ 元祐七年（1092）

————————————————————————

颍州任上改知扬州。

八月二十二日，以兵部尚书召还。

十一月，迁端明殿学士、礼部尚书兼翰林侍读学士。

● ◎ 元祐八年（1093）

————————————————————————

六月，知定州。十月二十三日到定州任。

● ◎ 绍圣元年（1094）

————————————————————————

四月十一日，落端明殿学士、翰林侍读学士，依前左朝奉郎
知英州。

四月十三日，复降充左承议郎，知英州。

六月初五，诏责惠州，授建昌军司马惠州安置，不得签书公事；再贬宁远节度使副使惠州安置。

●◎绍圣四年（1097）

四月，贬琼州别驾昌化军安置，不得签书公事；六月渡海至海南儋州。

●◎元符三年（1100）

哲宗病逝，苏轼遇赦，六月渡海北归。

●◎宋徽宗建中靖国元年（1101）

作《自题金山画像》。

七月二十八日，卒于常州。